arapausa

L'última victòria de l'URSS

Manel Alías

L’última victòria de l’URSS

Històries fascinants de l’esport soviètic, des de la Revolució fins a Barcelona 92

arapausa

Primera edició: octubre de 2022

© D'aquesta edició:
Ara Llibres
Perú, 186
08020 Barcelona
www.arallibres.cat

L'equip que ha treballat per fer possible aquest llibre està format pel director editorial, Joan Carles Girbés; els editors Gerard Espelt i Helena Guilera; l'editora de taula, Mònica N. Irún; el publisher, Xavier Mallafré; l'equip de comunicació i màrqueting, Marta Abella i Mireia Marimont, i l'equip d'administració i finances, Alba Morcillo i Sònia Herrera.

Disseny de col·lecció i de coberta: Andreu Gallart
Correcció: Mercè Riu i Gemma Garrigosa
Fotocomposició: gama, sl

ISBN: 978-84-18928-41-3
Dipòsit legal: B 16519-2022

Taula

Per a la família anònima
que va donar el cor a la nostra Berta.
I per a tu, Berta, que, malgrat que probablement
no podràs batre un rècord olímpic,
ets una campiona.

Fair play:

Aquest llibre ha estat escrit amb la col·laboració de Gènia Teterina, que ha transcrit i traduït les entrevistes en rus i ha ajudat a establir contacte amb molts dels atletes que apareixen en les pàgines que teniu entre les mans.

Reglament

Abans de llançar-nos a entrenar i a competir, familiaritzem-nos amb les regles del joc, amb l'estructura i el propòsit d'aquest llibre.

Un fet que he pogut constatar en els set anys que he viscut a Moscou és que l'ombra de la Unió Soviètica encara pesa molt en la Rússia de Vladímir Putin. En el seu esforç mal dissimulat de conferir al país l'estatus de gran potència mundial, l'esport suposa una baula fonamental. De moment, si bé ha marcat gols espectaculars, no se n'ha sortit del tot. I, després de llançar l'atac contra Ucraïna, Rússia s'ha convertit en un país pària en el món de l'esport.

Moscou no ha aconseguit brillar mai més com ho van fer els esportistes soviètics. Podem considerar Barcelona 92 com el punt d'inflexió abans de la davallada, com l'última gran victòria esportiva de l'URSS, encara que, formalment, la Unió Soviètica ja havia deixat d'existir. El 25 de juliol d'aquell any, els joves d'un país que s'havia desintegrat el Nadal anterior van desfilar a l'estadi de Montjuïc darrere d'una bandera amb les anelles olímpiques. En la cerimònia de clausura de dues setmanes després, el 9 d'agost, malgrat el terratrèmol social, polític i econòmic que vivien els seus països, ho havien aconseguit: s'havien penjat cent dotze medalles, quaranta-cinc d'or! I encara més: havien deixat els Estats Units de Carl Lewis i Michael Jordan en segona posició en el còmput final del medaller. Aquell grup d'homes i dones havien funcionat com a peces clau d'una maquinària descomunal: la que havia ideat l'URSS moltes dècades enrere.

En aquest llibre explicarem les peripècies dels principals protagonistes d'aquelles gestes esportives. Es tracta d'unes fites que no es poden compendre sense abordar, primer, l'evolució de l'esport soviètic, perquè per entendre com eren els homes i les dones que van competir victoriosament a Barcelona 92, ens hem de capbussar abans en la història de l'esport a la Unió Soviètica. A més d'un exercici necessari, resulta un recorregut sorprenent i del tot fascinant. Avui aquells esportistes olímpics prodigiosos encara estan convençuts que va ser el sistema desenvolupat pel règim comunista el que els va convertir en campions.

Després d'aquest viatge i de conèixer els protagonistes soviètics de Barcelona 92, seguirem avançant en el món de l'esport rus fins als nostres dies, perquè ha continuat marcant l'agenda internacional amb girs inesperats.

Però perquè el salt d'un segle llarg des del nostre present fins a les beceroles de la Revolució Russa no sigui tan radical —és a dir, per evitar lesions—, proposem tot seguit una sessió d'estiraments amb Pep Guardiola, a manera de pròleg. Ens ajudarà a situar-nos en la Barcelona olímpica que ell va conèixer de ben a prop —va guanyar la medalla d'or amb l'equip de la selecció espanyola de futbol—, abans de marxar a un món i a un temps més llunyà i, encara ara, força desconegut.

Estiraments

L'experiència olímpica de Pep Guardiola

17 D'OCTUBRE DEL 1986. Al migdia, l'institut s'ha paralitzat. Totes les orelles tenen sintonitzada la ràdio. «*A la ville de Bar…*» El final de la frase no és audible. Els alumnes de la Masia esclaten com si acabessin de marcar el gol que els dona la Lliga juvenil. En Pep està genuïnament feliç. Feliç i impacient. Després de sentir-ne a parlar molt, ja no és una candidatura, sinó una realitat: la ciutat on fa dues temporades que ha vingut a viure i a entrenar-se s'omplirà dels millors atletes del planeta. Els tindrà a poca distància i podrà viure de prop l'esdeveniment esportiu més monumental. Té quinze anys. La possibilitat de jugar amb el primer equip del Barça se li apareix només com un miratge llunyà. Aquell adolescent encara no imagina que, sis anys i nou mesos després, no serà un espectador més dels Jocs, sinó un dels seus protagonistes, i que amb Barcelona 92 culminarà un any que ni en els seus somnis entreveia tan prodigiós.

—Pep Guardiola, exagero si dic que la del 92 va ser una de les temporades clau de la teva vida?

—Ho va ser, sens dubte. Feia poc que havia arribat al primer equip del Barça i vam guanyar la Lliga, la Champions —cosa inèdita en la història del club—, i, de sobte, em convoquen a les

Olimpíades. En realitat, però, jo havia acabat la temporada exhaust i recordo que vaig arribar a la concentració pensant: «Buf! Ara els Jocs...». Vam tenir una preparació molt llarga a Palència, a Cervera de Pisuerga, abans de concentrar-nos a València, on jugaríem la majoria dels partits, i la sensació era que venia de l'eufòria d'haver guanyat la primera Copa d'Europa amb el Barça i que no hi podia haver res superior a allò. I ara tinc la percepció que l'Olimpíada va ser molt bonica. Per a mi, ha anat guanyant pes amb el temps. Ser a la inauguració, a la final, a la clausura... va ser preciós. L'únic punt amarg és que no vam viure a la Vila Olímpica.

—De fet, us havien advertit que ni tan sols podríeu ser a l'Estadi Lluís Companys en la cerimònia d'obertura. Us vau haver de quadrar per anar-hi, oi?

—Sí, perquè poc després teníem el primer partit i els tècnics van decidir que no era bona idea ser-hi. Els capitans es van plantar, fins que, finalment, la Federació va cedir. Els que ens dedicàvem al futbol sabíem que, a diferència d'altres esports, d'inauguració olímpica només en podríem viure una i prou. I més en aquella època, en què el futbol encara no estava considerat un esport olímpic de primera com la gimnàstica, l'atletisme o la natació. Per això ens vam fer forts per anar-hi. Va ser fabulós. I, com acostuma a passar quan l'equip es rebel·la per una idea que té clara, vam acabar obtenint més bons resultats. Jo era conscient que era una experiència per viure-la. Per a un corredor de 100 metres llisos, per exemple, la carrera olímpica és vital. Si falla a la sortida o té problemes físics, o qualsevol imprevist, s'haurà d'esperar quatre anys més per optar a una oportunitat d'aquell nivell. S'hi juga moltíssim. En canvi, per a nosaltres, la Lliga i la Champions eren les competicions més importants i vivíem els Jocs com un regal, amb molta menys pressió. Volíem gaudir-los.

—I, des de València, es gaudien considerablement menys...

—Sí. Et diré una cosa: guanyar la medalla d'or olímpica va ser una satisfacció immensa, és inqüestionable, però ho hauria canviat pel fet de poder residir a la Vila Olímpica aquells dies. Al final, el més important són les experiències viscudes, i aquesta em va faltar.

Pep Guardiola, que compartia habitació amb Chapi Ferrer, quan podia, seguia diverses disciplines dels Jocs a través de la ràdio o la televisió. Procurava no saltar-se, per exemple, els partits de waterpolo del seu amic Manel Estiarte. O les exhibicions del Dream Team de bàsquet. Li resultava dolorós perdre's un *drive* de Steffi Graff. I pensar que tots aquells espectacles potser els hauria pogut presenciar en directe si hagués conviscut amb la resta dels esportistes, si hagués estat més a prop dels estadis, les pistes i les piscines! La màgia dels Jocs, les possibles amistats amb competidors d'altres països, una trobada fortuïta amb la Steffi en un menjador... tot tan a prop i, alhora, tan fora del seu abast.

Cada nit, Guardiola cavalcava amb la imaginació sobre les ones radiofòniques de Catalunya Ràdio que el transportaven a l'anhelada Vila Olímpica amb el programa *Al final de la jornada olímpica*. Estirat de panxa enlaire al llit de l'habitació de València, deixava volar els pensaments fins a Barcelona, acompanyat per la locució de Jordi Basté, que, amb una veu suau que surava per sobre d'una sintonia que convidava a somiar, deia: «Mira que n'estàvem, de preocupats! Teníem por que a Barcelona no se li reconegués cap mite, cap nòvia, cap rei. Nadia Comaneci ho va ser de Montreal. Carl Lewis, de Seül. Jesse Owens, de Berlín. I de Barcelona? Doncs ja en tenim un, el primer: es diu Ievgueni Sadovi, és de la Comunitat d'Estats Independents, concretament de la regió de Volgograd.[1] Té només dinou anys i

1. Volgograd és una regió russa. Ievgueni Sadovi serà un dels protagonistes d'aquest llibre.

ha estat el típic cas de suor, lluita i voluntat, perquè només amb aquests tres qualificatius podem definir la natació d'aquest noi. En tres anys, en només tres anys, del 89 fins avui, ha rebaixat vuit segons —una barbaritat— la seva marca dels 200 lliures. I en vint segons —vint barbaritats!—, la seva marca dels 400 lliures. Quan el va veure nedar a l'escola el seu entrenador actual, Vladímir Ivànov, va dir que aquest noi esquerp i esquifit podria ser una gran figura. En només tres anys, entrenant-se sis hores, cinc dies a la setmana, Ievgueni Sadovi ja ha batut un rècord olímpic i dos del món, i ja té penjades al coll tres medalles d'or. Avui ha guanyat la mateixa prova que l'any 24, a París, va guanyar el gran Tarzan, el gran Johnny Weissmuller. Apunteu ja aquest nom, el primer heroi de Barcelona. Els jocs del 92 ja tenen el primer mite: Ievgueni Sadovi. Ho hem aconseguit! Bona nit al final de la jornada olímpica».

Quan es despertava, Pep Guardiola, amb el dorsal 9 a l'esquena i al pit, era el director d'orquestra de la selecció espanyola de futbol, el mateix rol que tenia al seu club, el Barça. Es van desfer de Colòmbia, Egipte i Qatar. Als quarts de final, els va plantar cara Itàlia. Però un gol de Kiko els va impulsar a les semifinals, que van guanyar davant de Ghana. Espanya disputaria el primer or olímpic de futbol de la seva història amb Polònia.

L'escenari de la final era el Camp Nou. En Pep jugaria a casa. La nit abans, la van passar a l'Hotel Juan Carlos I (l'endemà, el rei també seria a l'estadi). Des de l'autobús, van ser suficients un grapat de metres d'asfalt de la Diagonal perquè Guardiola assaborís un bocí de mel, l'aroma dels Jocs en una ciutat que estava de festa.

El camp es va omplir amb 95.000 espectadors, que van veure un gran espectacle. Era el 8 d'agost, una de les últimes finals de Barcelona 92, i va seguir un guió elèctric. A la mitja part, l'or es fonia. Polònia guanyava per 0 a 1. A la represa, primer Abelardo i després Kiko van fer avançar Espanya. La medalla semblava brunyida per a Espanya fins que, al minut 76, Staniek va igualar el marcador. Al minut 89, tothom feia càbales de cara a la pròrroga. Calia, simplement, disputar els seixanta segons reglamentaris restants. Córner. El va treure Ferrer. Kiko va dibuixar una xilena... a l'aire, la pilota va passar de llarg i va anar a parar als peus de Luis Enrique. El seu xut va topar contra un mur alçat davant del porter polonès, que va avortar el miracle refusant la pilota. Kiko, que s'acabava d'aixecar de l'acrobàcia fallida, va preparar l'esquerra i es va dir: «O ara, o mai». 90 minuts i 25 segons. Va ser un d'aquells gols que arriba al límit, quan ja no hi ha temps per a res que no sigui la celebració de la victòria o el plany de la derrota. Espanya va sumar la tretzena medalla d'or de Barcelona 92, els millors resultats que ha aconseguit mai en un Jocs.

L'equip espanyol de futbol va agafar el relleu a l'URSS al graó més alt del podi olímpic. Els futbolistes de l'altra banda del teló d'acer havien guanyat a Seül el 1988. Quatre anys més tard, però, la Unió Soviètica s'havia desfet i els seus futbolistes no van participar en els Jocs de Barcelona. Guardiola, per tant, no s'hi va enfrontar. Té gravades, però, les sensacions que li deixaven les expedicions que havia fet als anys noranta a una URSS que estava a punt d'extingir-se i, després, a Rússia, quan ja era un altre país. Aquelles sortides no el deixaven indiferent. Trobava el país fosc, el públic fred i els jugadors damunt la gespa poc expressius. Físicament, però, eren forts i practicaven un joc molt directe. Per això, Johan Cruyff advertia als futbolistes del Barça que defugissin el xoc de trens, que esquivessin el cos a cos i que aguditzessin el seu talent per plantejar solucions creatives.

—Aquells viatges et marcaven perquè era el més lluny que podies anar. Fins i tot els hotels eren diferents que els dels altres desplaçaments. Era un món molt tancat, així el vèiem nosaltres. Intentàvem comprar caviar, que entaforàvem a la motxilla, i teníem sempre por de fer alguna cosa mal feta, perquè hi havia aquest temor del desconegut.

—I al terreny de joc us ho posaven complicat?

—L'any 93, en el camí per revalidar la Champions, el CSKA ens va eliminar! A Moscou el resultat havia estat d'empat a 1, i al Camp Nou van imposar-se els russos 2 a 3. Va ser una demostració que, si no feies el teu joc, ells eren com unes màquines que et podien tombar.

—Dmitri Kuznetsov, un dels quatre russos que l'Espanyol de Clemente va fitxar la temporada 1991-1992, em va explicar que podien córrer més que ningú les dues parts seguides, però que, tàcticament, a Barcelona es trobaven perduts.

—És veritat que no s'adaptaven als nostres entorns, no sabria dir ben bé per què. Hi havia la sensació que, quan treies aquells jugadors del seu context, quan a Europa els fitxava algun equip, no acabaven de funcionar.

—Al Manchester City has treballat amb un futbolista ucraïnès, Oleksandr Zintxenko.

—Sí, i m'ha sorprès perquè, al principi, quan el vaig veure, vaig pensar que jugaria molt bé, perquè tenia talent, però em va semblar fred i, potser per un punt de prejudici, vaig arribar a pensar que no tenia personalitat. El vam cedir a un altre equip, i quan va tornar creia que el tornaríem a convidar a marxar. Però ell va dir que lluitaria per fer-se un lloc i ha fet temporades collonudes amb nosaltres. Pot jugar amb molta pressió i en els grans escenaris no falla mai. És un jugador molt estimat.

—No posaria ni una pega al teu currículum esportiu, però t'agradaria tornar a uns Jocs Olímpics, aquesta vegada ja com a entrenador?

—Sí, m'agradaria molt entrenar una selecció. I no tan sols per als Jocs Olímpics, també pensant en un Mundial o un Europeu. La nostra feina en un club que disputa la Lliga i la Champions és molt intensa, gairebé cada tres dies tenim partit, i passo molt temps separat de la família. Si fos el seleccionador d'un país mantindria l'adrenalina de la competició, però, a la vegada, tindria més marge per fer altres coses. I seria molt bonic viure una Olimpíada. No tan sols els teus partits, sinó tot l'ambient, el contacte amb altres entrenadors i esportistes, observar altres competicions més enllà del futbol. Ser a la Vila, aquest cop sí, i respirar l'esperit olímpic.

Sessió d'escalfament

«*A la ville de... Moscou!*». El factor Samaranch

Els quarts de final eren a l'Estadi Vladímir Lenin de Moscou. Si la selecció espanyola volia alçar l'Eurocopa de futbol del 1960, havia de jugar a la capital russa. Per al règim franquista, aquell recinte representava l'infern on haurien de cremar tots els comunistes units. Però, no vols caldo, doncs dues tasses. I la més amarga d'empassar seria la segona: haver-los de rebre després al Santiago Bernabéu en el partit de tornada i amb possibilitats de derrota! Era un fet que els soviètics estaven en molt bona forma. A última hora, Franco va donar l'ordre i Ramallets, Di Stéfano, Luis Suarez i la resta de futbolistes espanyols no van agafar l'avió. L'URSS va passar directament a les semifinals i va guanyar aquell trofeu.

Quatre anys més tard, la final de l'Eurocopa es jugava a Espanya i els dos equips que van arribar-hi van ser l'amfitrió i la Unió Soviètica. Aquesta vegada Franco va deixar fer i, fins i tot, es va asseure a la llotja del Bernabéu. Potser s'havia estovat o també és possible que el convencessin que aquella era l'única guerra vencible contra l'Exèrcit Roig. Franco no podia sospitar de cap de les maneres que en el futur, com una revenja del destí, la selecció espanyola seria anomenada popularment *la Roja*.

Però aquella va ser una jornada gloriosa per a ell i Espanya va guanyar 2 a 1 contra els soviètics. L'Eurocopa del 1964 es va quedar a casa.

En aquella època, l'exregidor d'Esports de l'Ajuntament de Barcelona, Joan Antoni Samaranch, era membre destacat del Comitè Olímpic Espanyol i feia de procurador en Corts. En aquest càrrec va sobreviure a Franco. Finalment, el 1977 li van entregar una cartera que havia deixat d'existir amb la Guerra Civil del 1936: ambaixador a Moscou. A l'aeroport, l'estiu del 1977, segons va recollir *El País*, Samaranch va respondre als periodistes: «*Que mi viaje coincida con la fecha del 18 de julio no tiene otro motivo que la casualidad. El único día que la compañía aérea soviética hace el vuelo directo es el lunes*».

La seva arribada a Moscou, com la de qualsevol estranger, no va passar desapercebuda als serveis secrets soviètics. El llibre *The KGB Plays Chess* (2010, Russell Enterprises) afirma que un agent que dominava el castellà del Comitè per a la Seguretat de l'Estat (sona molt més imponent en les sigles russes: el KGB) tenia assignat el control de l'ambaixada espanyola. Les hores de vigilància van donar fruits quan van descobrir que Samaranch treia antiguitats de l'URSS, fet que constituïa un crim segons la legislació soviètica. Les lleis poden ser implacables o poden servir per dominar voluntats, i més encara en aquell context. L'ambaixador espanyol tenia només dues opcions: o feia front a un escàndol internacional o es convertia en agent del KGB. I, segons els autors del llibre (un extreballador de la secció d'esports dels serveis secrets soviètics, un historiador i dos grans jugadors d'escacs), Samaranch va passar a col·laborar amb el KGB. A banda de fer els ulls grossos amb les peces que havien sortit de la Unió Soviètica, li van prometre una recompensa. De fet, un somni. Podia comptar amb els vots de l'URSS i de tots els camarades dels països de l'esfera socialista per escollir-lo president del Comitè Olímpic Internacional (COI). Anys més tard, Samaranch va negar aquesta teoria que sustentaven els autors de *The KGB Plays Chess*. «És una bogeria», va afirmar, contundent, segons recull el mitjà especialitzat en olimpisme *Around the Rings*.

Sigui com sigui, el 16 de juliol del 1980 (el calendari el volia sempre a prop del 18), en un dels edificis clau de la revolució bolxevic, la Casa dels Sindicats de Moscou, on la massa proletària havia plorat els cadàvers de Lenin i de Stalin, un català burgès de soca-rel va ser escollit president del COI. «*Su elección es, sin duda, el más grande éxito alcanzado jamás por el deporte español*», llegien els lectors de Julián García Candau a *El País*.

Va ser arribar i moldre. El 19 de juliol, Joan Antoni Samaranch vivia com a ambaixador espanyol i com a president electe del Comitè Olímpic Internacional, els Jocs Olímpics de Moscou, els que els Estats Units van boicotejar per la intervenció armada del Kremlin a l'Afganistan. En la clausura, a l'Estadi Lenin, Samaranch va prendre possessió efectiva del càrrec.

Sis anys més tard, el 1986, a Lausana, el president del COI pronuncià una frase amb un enorme impacte transformador. Segurament, l'anunci més important en la història recent per a la capital catalana: «*A la ville de... Barcelona*».

El nom de la ciutat s'anellava olímpicament al 1992. A mesura que s'acostava la data, milers de persones estaven cada vegada més concentrades en la seva feina. Barcelona es posava a punt per als Jocs, els voluntaris es familiaritzaven amb les tasques assignades i els atletes entrenaven tant com podien. Però quan a l'any 1991 li quedaven pocs *Telenotícies*, mentre a Espanya se celebrava una festa que la Unió Soviètica tenia vetada, el Nadal, un fet d'abast planetari es va apoderar dels informatius d'arreu: l'URSS es va desintegrar. La bandera vermella amb la falç i el martell daurats havia estat despenjada del Kremlin. Els atletes de l'equip nacional soviètic vivien una situació incerta amb vista als Jocs imminents. Com competirien a Barcelona, sobretot en els jocs d'equip, que incloïen esportistes dels diversos territoris que fins aleshores havien conformat l'URSS, si aquell país ja no existia?

Finalment, es va prendre la decisió que dotze de les repúbliques soviètiques —totes excepte les tres bàltiques, Estònia, Letònia i Lituània, que no van voler— participessin agrupades sota el nom d'Equip Unificat. I l'efecte va ser aclaparador: els atletes d'Armènia, Azerbaidjan, Bielorússia, Geòrgia, Kazakhstan, Kirguizistan, Moldàvia, Rússia, Tadjikistan, Turkmenistan, Ucraïna i Uzbekistan van sumar més medalles i més or que cap altre país.

Primera part
La revolució esportiva de l'URSS

1896-1916

De París a Berlín: l'Imperi rus debuta

No es va veure múscul de l'Imperi rus en la represa dels Jocs Olímpics moderns, a Atenes, l'any 1896. No hi va anar ni un esportista de les terres del tsar. Va ser quatre anys més tard, a París, que es van estrenar dos tiradors russos. Van acabar en cinquè i setè lloc en sabre. Eren encara uns Jocs molt d'anar per casa, on podia passar que el pitjor competidor tingués la plata assegurada i un compatriota seu, l'or. Així va ser en pilota basca, que fou esport olímpic, i dos espanyols es van disputar la glòria en un únic partit que va ser la final directa.

La primeres medalles per a Rússia van arribar a Londres, el 1908. Nikolai Panin-Kolómenkin va ser considerat el millor artista damunt dels patins i va passar a la història com el primer or olímpic del seu país. Aleksandr Petrov i Nikolai Orlov van ser plata en les seves categories de lluita grecoromana. A Estocolm 1912, els russos no van aconseguir cap medalla d'or, però una de les cinc medalles que van endur-se mereix un moment d'atenció per com de treballada va ser.

Martin Klein, esportista de lluita grecoromana de la categoria de 75 quilograms, va topar amb un goril·la finlandès a les semifinals. Passaven els minuts, i l'estonià (en aquell moment, ser estonià volia dir viure sota els dominis del tsar) no aconseguia fer cedir Alfred Asikainen. Situem tendenciosament el punt de vista en l'esportista rus, però si el movem —i aquest poder el tenim— a la ment del finlandès, trobarem pensaments molt similars: «Com és possible que faci més d'una hora que lluitem i aquest rus segueixi enrocant-se d'aquesta manera?». Tres hores després, els espectadors i els jutges se'n feien tantes creus com ells. Cap clau, cap múscul, cap estratègia s'imposava a l'adversari prou contundentment. Les dues paparres seguien intentant desfer-se l'una de l'altra quan els rellotges indicaven que havien superat les vuit hores de lluita estèril. És difícil saber si algú se'ls mirava ja amb atenció quan, onze hores i quaranta minuts després que haguessin entrat al matalàs, Klein va treure forces no se sap d'on. Potser eren les que havia perdut el seu adversari. El cas és que va aconseguir que les espatlles del finlandès contactessin amb el terra. L'esportista rus va guanyar per *pin*. Aquella va ser una victòria pírrica, ja que va acabar tan trinxat que no va poder participar en la final. En contrast palmari amb aquelles onze hores i quaranta minuts eterns, el suec Claes Johanson es va endur l'or sense que es posés en marxa el cronòmetre a la final. El món de la lluita grecoromana va assumir aleshores que calia posar un límit de temps als combats per fer-los una mica més atractius.

Als Jocs de Berlín del 1916 Rússia no va disputar cap medalla. Ni cap altre país. La Primera Guerra Mundial va obligar a suspendre el certamen. L'any següent, el 1917, va passar un fet tan extraordinari que va alterar el curs de la història a Rússia. Els bolxevics van assaltar el Palau d'Hivern. La revolució havia triomfat i va quedar sentenciat que els Jocs eren un vici burgès abominable, del qual calia allunyar-se. Van decidir que no hi participarien més.

1917

Morin els Jocs Olímpics. Visca la Spartakiada!

Vladímir Ilitx Uliànov, més conegut com a *Lenin*, s'imposava fer exercici en l'estretor d'una cel·la, empresonat. També en l'enyorança de l'exili. L'ajudava a mantenir-se fort i vital en un circuit tancat que connectava el cos amb l'esperit. En llibertat, a les estones lliures i pels mateixos motius, li agradava patinar, caçar, pedalar, remar, esquiar, nedar, caminar, fer exercicis gimnàstics, jugar a escacs o a gorodkí, un esport tradicional rus semblant a les bitlles, però en el qual el projectil que es llança és un pal llarg. En una ocasió, el pare de la revolució es va enfadar amb un camarada perquè tenia problemes de salut i no visitava el doctor. Al llibre *Un altre Lenin*, Aleksandr Maisurian cita aquesta reacció:

> «La salut s'ha de valorar i cuidar. Ser físicament fort, sa i resistent és bo en general i una obligació per a un revolucionari. Suposem que t'envien qui sap on a Sibèria i tens l'oportunitat d'escapar-te amb una barca. Aquesta aventura no serà possible si no saps remar i, si en comptes de ser musculat, ets un drap. O un altre exemple: et persegueix un agent secret. La teva missió principal és reduir-lo, no hi ha cap altra sortida. No te'n sortiràs si no tens força».

L'objectiu del líder del Gran Octubre, més que proclamar-se esportista d'elit, era promoure l'educació física. L'esport, en aquella època, era una activitat, en gran part, reservada a les famílies benestants i, per això, en la Rússia revolucionària, l'exercici havia de passar a tenir altres objectius i s'havia d'estendre àmpliament entre el proletariat. No es podia caure en la falta greu de limitar-se a copiar els entreteniments de la classe alta.

Moscou no va rebre cap invitació per participar en els Jocs Olímpics d'Anvers del 1920. Tampoc no va mostrar cap interès per ser-hi. Aquell mateix any, Lenin va intervenir en el Tercer Congrés de la Unió de Joves Comunistes Russos. Al final de la trobada, va quedar aprovada una declaració que contenia aquesta proclama:

> «L'educació física de la generació que puja és un dels elements necessaris del sistema comú de l'educació comunista dels joves amb l'aspiració de crear persones humanes harmoniosament desenvolupades, el ciutadà de la societat comunista. En aquests moments, l'educació física persegueix directament també objectius pràctics: 1) La preparació de la gent jove per a l'activitat laboral (producció/manufactura). 2) La preparació per a la defensa armada de la pàtria socialista».

Defensa i treball. Aquests dos preceptes són determinants per entendre l'abast de la implantació de la pràctica esportiva a la Unió Soviètica. Amb la victòria revolucionària encara molt tendra i immersos en una guerra civil, el 1918 els bolxevics instauren el *Vsevobutx*, l'Entrenament Militar Universal, obligatori per als ciutadans d'entre 18 i 40 anys. Eren unes hores d'instrucció per aprendre a tenir cura d'un fusell, saber manipular una granada, cavar trinxeres...

Un dels dirigents del *Vsevobutx* va ser Nikolai Podvoiski, home de confiança de Lenin, que va acabar dictant les línies mestres que havien de guiar l'esport de les masses inspirades pel comunisme. Per quatre rubles es podien llegir al seu llibre, publicat el 1923, *Per a què i quina educació física és necessària per al proletariat de la Unió Soviètica i qui hauria de crear-la.* En aquest text, hi remarca la necessitat de posar a l'abast de tothom i de manera atractiva la possibilitat de fer esport, perquè les persones amb força i resistència són capaces de portar a terme una gran quantitat de feina sense fatigar-se i són menys vulnerables a les malalties. A més, els ciutadans educats físicament acostumen a desenvolupar personalitat, energia, tenacitat i unes qualitats psicològiques que poden aportar un bon clima laboral. Podvoiski dona molta importància a «la tria correcta dels exercicis» i al fet que els mètodes d'entrenament siguin provats i amb base científica: «És per això que aquests exercicis físics han de ser cultivats en les masses proletàries com a vitals per mantenir el bon humor, reforçar la salut i la disciplina col·lectiva». Un dels aspectes que ha de diferenciar l'esport burgès del que advoca la dictadura del proletariat és l'orientació dels campionats:

> «Les competicions per als campions s'haurien de fer només amb finalitats científiques, per demostrar els assoliments dels éssers humans corresponents al desenvolupament harmoniós de la seva força física i espiritual. En el futur immediat, com a norma, s'han d'organitzar competicions entre fàbriques, factories, escoles, unitats de l'Exèrcit Roig, treballadors dels districtes manufacturers, ciutats, regions, etc. Per tal de mantenir la naturalesa competitiva estimulant i la cultura de l'educació física, s'han de fer competicions en què els bons resultats col·lectius (en jocs i es-

ports d'equip) siguin superiors als individuals». En els esports individuals, a parer de Podvoiski, «la competició serà útil si està imbuïda de l'esperit de diversió, si és raonable i no tendeix a batre rècords».

Aquest era el marc ideològic que traslladava la idea que els Jocs Olímpics eren cosa de l'aristocràcia. A la Unió Soviètica, el Govern vetllaria perquè els proletaris de cap a cap del territori poguessin exercitar-se. L'home nou que naixia del ventre de la revolució seria sa i valent en cos i esperit. I les seves competicions tindrien un nom revelador: Spartakiades. La primera, ja sota la falç i el martell de Stalin, va tenir lloc el 1928 a Moscou i hi van participar set mil esportistes, dels quals sis-cents eren estrangers que se sentien atletes de classe obrera. La delegació forana més nombrosa era l'alemanya, país on els clubs esportius de treballadors tenien tradició. Les competicions de la capital russa pretenien ser l'antítesi dels Jocs Olímpics que hi havia en marxa en aquell mateix moment a Amsterdam, amb 2.883 atletes de tot el món. De Spartakiades a l'URSS se'n continuarien organitzant posteriorment amb formats diferents, entre sindicats professionals, entre estudiants o entre repúbliques soviètiques. De fet, a Rússia, les Spartakiades encara sobreviuen.

La primera va coincidir amb el llançament del primer pla quinquennal i es podria dir que amb la mateixa rauxa que es va intentar industrialitzar la Unió Soviètica es va apostar també per posar-la en forma. A l'estudi *Els dictadors descobreixen l'esport*, John Tunis escriu el 1936 que en les dues dècades anteriors cap altre país havia fet tants avenços en el món de l'esport com l'URSS, perquè Stalin estava convençut que era la massa la que converteix un exèrcit en poderós. I, com més forta, millor. A Tunis l'admira no tan sols que el campió soviètic Robert Liulko fos capaç de córrer els 100 metres en 10,3 segons —una marca que li hauria permès lluitar per l'or olímpic—, sinó també que l'URSS tingués dos milions d'esportistes, que l'Estadi Dinamo estigués tan ben dotat per a l'atletisme o que cada fàbrica procurés tenir el seu camp d'esports propi.

Preparats per a la feina i la defensa

Un dels instruments clau per al desenvolupament de l'esport de masses a l'URSS era el programa «Preparats per a la feina i la defensa», impulsat pel Komsomol, les joventuts comunistes. Es va posar en marxa el 1931 i marcava els estàndards per identificar els homes i les dones que estaven ben preparats físicament. Se'ls feien proves en vint-i-una disciplines, com ara córrer diverses distàncies (100, 500 i 1.000 metres), salt de llargada i d'altura, natació, esquí, fer dominades o pujar per un pal o una corda. Però també incloïen testos més clarament militaritzats, com, per exemple, llançaments de granades, aixecar una caixa amb munició de 32 quilos de pes i transportar-la 50 metres més enllà, recórrer un quilòmetre amb màscara de gas o conduir un tractor i altres vehicles. Aquesta part pràctica es complementava amb preguntes sobre educació física, teoria de l'art de la guerra i primers auxilis. Les proves es feien a centenars de milers de soviètics als centres educatius i als llocs de feina. Els que demostraven estar «preparats per a la feina i la defensa» rebien un pin que cada vegada donava més prestigi lluir. Obria les portes per seguir practicant esport i participar en altres competicions. Hi havia també proves per detectar els millors homes i dones en cadascuna de les modalitats. Aquest programa[2] s'escampava per tota l'URSS i es va convertir en un gran detector de talent esportiu. A més, va coincidir amb l'eclosió de les Societats Esportives Voluntàries. L'activitat física dels treballadors l'organitzaven els sindicats de les fàbriques i de les plantes industrials, els responsables de les cooperatives agràries o d'institucions governamentals com l'exèrcit, la policia o el sector de l'ensenyament. És per això que aquestes Societats Esportives s'acabaran associant amb rams professionals. El Lokomotiv és el club dels treballadors dels ferrocarrils. Les sigles CSKA responen a Club Esportiu Central de l'Exèrcit.[3] El Dinamo oferia la possibilitat de fer esport als policies i als empleats dels cossos de l'ordre i de la seguretat. Els constructors d'avions de guerra i treballadors de la indústria militar podien exercitar-se al Zenit. Si el que produïen eren automòbils, el més probable és que portessin la samarreta del Torpedo. El Burevestnik s'alimentava dels esportistes del sector universitari. Els que treien carbó en la foscor de les mines podien jugar a l'aire lliure al Xakhtar o, per afegir un exemple més, els treballadors del sector de la metal·lúrgia s'incorporaven a les files del Metalurg. Totes aquestes organitzacions esportives podien tenir moltes seccions a cada ciutat: atletisme, futbol, bàsquet, boxa... I formar part de l'una i de l'altra, en alguns casos, tenia implicacions. Perquè, en cap altre lloc com a l'URSS, els clubs eren molt més que clubs.

2. El programa ha sobreviscut fins avui. Tot i que es continua saltant i corrent, per sort ja no es llancen granades ni es carreteja munició.

3. La denominació ha anat variant amb el temps. Per exemple, es va adaptar la terminació KA (Krasnaia Armia), que havia fet referència a l'Exèrcit Roig, a la de Club de l'Exèrcit (Klub Armia). També va ser, entre altres, el TSDKA.

Més que un club

D'entre totes les Societats Esportives, n'hi havia dues que jugaven amb avantatge. El CSKA era l'equip de l'exèrcit, i si detectava algun talent en una formació rival, ho tenia fàcil per fitxar-lo: cridar-lo a files. Una vegada obligat a fer el servei militar, al soldat li corresponia defensar els colors del Ministeri de Defensa. En una ocasió, però, van topar amb un os dur de rosegar. Vladislav Jmelkov havia adquirit fama de mur infranquejable. Era el porter de l'Spartak i fer-li un gol va començar a ser missió impossible. Fins al punt d'anar sobrat, perquè, segons la versió d'un company d'equip, no era estrany sentir-lo cridar als seus defensors: «Deixeu-lo passar, que xuti!», amb l'objectiu que els davanters contraris li animessin el partit. Diuen les cròniques que, entre els anys 1938 i 1939, de dotze penals en va aturar onze. L'Spartak era imbatible, i el mur Jmelkov va ser escollit com esportista del país de l'any. Tenia un futur brillant perquè aquests registres de rècord els va aconseguir en els pocs mesos que feia que jugava al màxim nivell. I el TSDKA (la denominació que tenia aleshores l'equip de les forces armades) va decidir posar-hi remei. El va reclutar. Tothom sabia el que això significava. En comptes de fer la mili i exercicis amb el fusell, es convertiria en porter dels camps de l'Exèrcit Roig. A Jmelkov, aquella maniobra militar de les autoritats no li va fer gràcia i es va quadrar: «M'heu cridat per fer de soldat, doncs això és el que faré!». Va preferir fer el servei militar abans que defensar els colors del TSDKA. Ningú podia preveure que, poc temps després, l'URSS entraria en l'avern de la Segona Guerra Mundial.

Jmelkov, de nou, va aconseguir una gesta no menys important: sobreviure. Acabada la guerra, va tornar al seu Spartak estimat. Tothom volia veure de nou aquell porteràs. Però sota els pals, l'home ferit de guerra i amb el cap ocupat per monstres, havia deixat de ser un prodigi. Després d'encaixar sis gols en un partit davant del Torpedo, va abandonar l'equip.

El de l'Spartak era un cas particular. Si el Dinamo era l'equip del Ministeri de l'Interior; el TSDKA, el de l'exèrcit, o el Lokomotiv, el dels ferrocarrils, l'Spartak no era tan fàcilment classificable perquè la seva Societat Esportiva penjava d'una cooperativa d'una desena de productors d'índole variada: tèxtil, pell, menjar... Com que, per triomfar, les idees han de ser simples, diversos fans van resoldre la complexitat que suposava penjar una etiqueta a l'Spartak anomenant-lo «l'equip del poble». I va arribar un moment que era difícil frenar l'equip del poble. No tan sols la porteria estava ben protegida. La defensa, el mig del camp i l'atac eren solvents i les temporades 1938 i 1939 va endurse el doblet: Copa i Lliga. L'equip amb el qual l'Spartak mantenia més rivalitat era el Dinamo i, això, justament en aquella època del Gran Terror estalinista, va acabar sent un esport perillós.

El Dinamo era una Societat Esportiva creada per iniciativa de Féliks Dzerjinski, un dels cognoms més sinistres que va donar la Revolució Russa, perquè va ser comissari del Poble d'Afers Interns i l'ànima de la Comissió Extraordinària de tot Rússia per la Lluita contra la Contrarevolució i el Sabotatge. De nou, un nom massa complicat per fer fortuna i que tothom va acabar substituint per la paraula *Txekà*. El que sí que quedava clar era a què es dedicava: a torturar i a executar amb una lleugeresa que feia feredat. Dzerjinski dirigia «òrgans de seguretat» que escampaven la inseguretat porta a porta. Quan el 1923 els cossos de seguretat de l'Estat van crear la seva Societat Esportiva, el Dinamo, Féliks Dzerjinski en va ser nomenat president honorari. Més endavant, va tenir un digne successor: Lavrenti Béria, també molt temut. A més d'estret col·laborador de Stalin, era aficionat al futbol i va mostrar passió pels colors del Dinamo.

Un dels protagonistes de la història següent va deixar escrit que Béria, molt probablement, va ser l'àrbitre del seu destí.

Els germans Stàrostin, del terreny de joc al gulag

Si les desfilades fossin un esport de competició, la Unió Soviètica seria molt difícil de desbancar del primer lloc. I amb la importància que es va anar donant a l'esport, es va instaurar la gran desfilada anual dels atletes. Sota la mirada de Stalin o del màxim dirigent del moment situat damunt del mausoleu de Lenin, columnes d'esportistes entraven en formació sincronitzada a la Plaça Roja, convertida en un estadi enorme. Podien arribar a construir carrosses amb escultures humanes, tobogans per on lliscaven trineus, transportaven sobre les espatlles un llit elàstic mentre un saltador feia piruetes, simulaven piscines,

Desfilada del dia dels esportistes als anys 30 a la Plaça Roja de Moscou.

carretejaven barres paral·leles per a gimnastes, patinaven sobre minipistes de gel, hi havia demostracions de perxa, trapezistes... Cada Societat Esportiva de diferents repúbliques soviètiques avançava per davant del Kremlin intentant que Stalin, «el millor amic dels atletes», quedés tan satisfet com quan hi havia parada militar.

En la desfilada dels atletes del 1936 es va voler presentar al màxim dirigent soviètic una exhibició de futbol. Es va teixir una catifa verda de 9.000 metres quadrats damunt les llambordes de la Plaça Roja, es van plantar les porteries i es van dibuixar les línies blanques. L'organitzador de la mostra d'educació física era amic de Nikolai Stàrostin, el fundador de l'Spartak. I li va encarregar un partit que va coreografiar un director teatral. Es tractava de plantejar una funció futbolística entretinguda que no decebés Stalin. Els set gols del matx havien estat assajats prèviament per dues formacions de l'Spartak. En les seves memòries, Stàrostin explica que aquell va ser un dels fets que va enemistar el Dinamo amb el seu equip. Els hauria agradat a ells, ser els encarregats de la seguretat interna del país, els que marquessin gols davant de Stalin, o sigui, davant de tota la Unió Soviètica. Però, sens dubte, el que pitjor va pair la cúpula del Dinamo van ser els doblets de la Lliga i Copa de l'URSS, que, com ja sabem, l'Spartak va guanyar el 1938 i el 1939.

Nikolai Stàrostin, a banda de ser un dels pares de l'Spartak, era un gran defensa. Els seus tres germans mascles també vestien amb la camiseta blanca i vermella. Hi havia quatre Stàrostin al mateix equip. L'Aleksandr també era defensa. L'Andrei jugava tant darrere com al mig del camp i en Piotr era migcampista.

El germà gran, en Nikolai, en la seva autobiografia *Futbol, a través dels anys*, apunta que Béria, el cap de la policia secreta, no podia veure els germans Stàrostin i s'entén que va ser ell qui va posar la maquinària repressiva en marxa. Després de diversos senyals, un matí del 1942, Nikolai Stàrostin es va despertar d'un sobresalt al llit de casa. L'apuntaven directament a la cara amb dos feixos de llum. Pocs minuts després era a les temudes dependències de la plaça Lubianka. Aquell edifici de Moscou era, en molts casos, l'avantsala d'una execució sumària o d'uns anys de treballs forçats al gulag. Per això es deia amb humor negre que tenia vistes a Sibèria. Les sessions d'interrogatoris van sotmetre Nikolai Stàrostin a tortures de deu dies d'insomni. Però es negava a confessar-se culpable d'haver preparat un acte terrorista contra Stalin durant la desfilada dels atletes del 1937. Encara no ho sabia, però els altres tres germans havien patit la mateixa mala sort. La pitjor part se la va emportar en Piotr, que va ser el més severament torturat. Segons explica Nikolai Stàrostin al seu llibre, com que l'autoinculpació no arribava, els carcellers van interrogar treballadors de l'Spartak i van aconseguir les respostes que volien. La nova acusació va ser la de «promoure l'esport en forma burgesa». La detenció preventiva es va allargar dos anys, fins que va arribar la condemna: deu anys de treballs forçats al gulag.

La travessia siberiana se li va escurçar lleugerament per un altre fet *esportiu* que deixa estupefacte. Unes paraules que posaven la pell de gallina al més passota: «Stalin et demana al telèfon». En aquesta ocasió, però, es tractava del fill, Vasili. Li enviaria un avió per portar-lo a Moscou. Tant era la condemna. I tant era que tingués prohibit residir a la capital del país. Vasili Stalin el necessitava lliure i a Moscou. L'allotjaria d'amagat a casa seva si era necessari, perquè hi havia una urgència peremptòria: necessitava un entrenador per a l'equip de futbol que volia crear a la divisió de les forces aèries que dirigia. Nikolai Stàrostin va abandonar el gulag pel mateix motiu que hi va entrar: els seus coneixements de futbol.

Cadascun dels quatre germans Stàrostin havia anat a parar a diferents camps de treballs forçats. No van poder estar junts en més d'una dècada i ja no van tornar a vestir la samarreta del seu estimat equip del poble, l'Spartak. Entre els trofeus que havien alçat, un dels que més bon record portava a tres dels quatre germans que l'havien disputat era l'or a les Olimpíades Obreres d'Anvers, el 1937. Aquella victòria l'haurien pogut celebrar també a Barcelona. Però no va poder ser.

Barcelona 36

Montjuïc contra Hitler

Cartell de l'Olimpíada Popular que s'havia de fer a Barcelona el 1936.

La revolució —que no havia de tenir horaris, ni fronteres ni esferes acotades— també feia esport. I ara tenia al davant una missió afegida: respondre a la vil provocació que els llançava a la cara el pitjor dels mons capitalistes. Si l'URSS, en la seva retòrica propagandística, ja considerava un afront les seves Olimpíades burgeses, ara, a més, volien celebrar el nazisme!

Calia plantejar una alternativa a la imatge repulsiva de veure Adolf Hitler presidint els Jocs del 36 que acolliria Berlín. Tant l'ultratge com la rèplica van tenir com a escenari Barcelona.

Va ser a la capital catalana on el 1931 el Comitè Olímpic Internacional havia de decidir la seu dels Jocs del 36. I Barcelona era candidata juntament amb Berlín. La victòria de la capital alemanya no va ser un escàndol, perquè Hitler encara no governava el país quan es va fer la votació. Però quan, poc després, va aconseguir el poder i ja va quedar clar de quin peu calçava el nazisme, els que haurien volgut un canvi de seu no se'n van sortir. Berlín acolliria els Jocs.

Des de sectors d'esquerres i comunistes de diversos països, es van dissenyar una sèrie d'accions per contrarestar Berlín 1936, la més significativa de les quals va ser la de celebrar uns Jocs obrers i populars a Barcelona. L'escenari no era casual. D'una banda, es recuperava la seu que havia arribat a la votació final el 1931. Però, més significativament, es plantaria cara al feixisme en l'Espanya republicana, on les eleccions d'aquell any van situar el Front Popular al poder. Tot i que, com sostenen Carles Santacana i Xavier Pujadas al llibre *L'altra olimpíada, Barcelona'36*, la proposta catalana no era obrera sinó popular i, per tant, no es pot emmarcar en l'esport de tall comunista que tenien, per exemple, les Spartakiades, el cert és els sectors o clubs contraris als Jocs de Hitler de diversos països van mostrar la seva preferència per Barcelona. Aquest acostament incloïa esportistes soviètics.

A Catalunya, la posició del Partit Obrer d'Unificació Marxista era la d'oposar-se als Jocs de Berlín sense abraçar els de Barcelona, perquè els haurien volgut més radicals, netament proletaris, excloent-ne qualsevol rastre d'organització esportiva burgesa, i consideraven que un esdeveniment *popular* representava una porta massa oberta a subjectes contrarevolucionaris.

El duel entre models olímpics es disputava en l'arena internacional, però també internament a Espanya. El Comitè Olímpic Espanyol i els sectors més conservadors protestaven contra la idea d'una «Olimpíada roja» i la premsa catalana conservadora parlava d'«Olimpíada jueva». La premsa obrera, per la seva banda, com explica Francisco de Luis Martín a *Historia del deporte obrero en España*, es feia ressò de l'Olimpíada Popular amb el lema «*Ni un atleta ni un céntimo para la Olimpíada de Berlín; campos de deportes y piscinas para los clubs modestos*». Perquè això és el que els admiradors de l'URSS afirmaven que havia passat sota una dictadura del proletariat que havia posat a disposició dels treballadors piscines, pistes de tennis, gimnasos i un seguit d'equipaments que altres nacions reservaven en exclusiva a les castes més adinerades. I el resultat, segons explicaven els periodistes més convençuts, era que els esportistes soviètics, gràcies també a preparadors físics amb molta ciència assumida, batien els rècords que fins aleshores havia tingut la burgesia.

El model soviètic era la línia de meta on volien alçar els braços victoriosos els països amb anhels revolucionaris. Sense arribar a fundar l'Spartak, el Dinamo o el CSKA, van intentar acostar-s'hi. En l'actualitat, els principals clubs espanyols estan presidits per homes de negocis amb avals poderosos, però en aquell moment els representants de la classe obrera van moure's per confiscar-los. El Reial Madrid no tan sols va perdre el nom majestuós, li va caure la corona reial i es va anomenar Madrid Football Club a seques. També hi va haver canvis en la directiva, que va passar a mans de treballadors d'esquerres i sindicalistes. Al Barça van saber que els anarquistes de la CNT-FAI volien apoderar-se del club i diversos empleats es van afiliar a la UGT per avançar-s'hi amb la creació d'un comitè que va regir els blaugrana temporalment. L'ànima republicana dels dos grans clubs espanyols —rivals empedreïts— quedaria unida més endavant en circumstàncies greus. A la seu del Madrid s'hi van instal·lar un grup d'esportistes disposats a canviar les botes de futbol per les militars. Van formar un batalló per lluitar contra els colpistes i el van batejar en honor a Sunyol, el president del Futbol Club Barcelona que havia estat afusellat a la serra de Guadarrama.

Però situem-nos de nou als moments previs a la celebració de l'Olimpíada Popular de Barcelona. El 18 de juliol del 1936, Pau Casals era al Palau de la Música. Llimava les últimes impureses a la interpretació de la *Novena simfonia* per part de la seva orquestra acompanyada de l'Orfeó Gracienc i de la soprano Conxita Badia. Casals tenia un perfil *gairebé* perfecte per a l'Olimpíada Obrera de Barcelona. No tan sols tenia un talent artístic inqüestionable, sinó que també posseïa un esperit molt proper al poble. Feia una dècada que havia creat l'Associació Obrera de Concerts perquè les classes populars que tenien durícies a les mans i pocs diners a la butxaca poguessin permetre's l'entrada per escoltar l'orquestra que dirigia amb músics de primera fila. El currículum de Pau Casals estava embellit per notes que l'elevaven a l'Olimp de la classe treballadora, com rebutjar l'oferta per tocar amb la Filharmònica de Berlín mentre Hitler tingués el poder. Era *gairebé* el candidat perfecte, perquè els més revolucionaris només li podrien retreure una nota fora de to: després de la Revolució del 1917 va prometre no tornar a fer sentir la seva música a Rússia per la manca de llibertats que van imposar els bolxevics. En qualsevol cas, seria difícil trobar una batuta més indicada que la de Casals perquè l'endemà d'aquell assaig general elevés els esperits a l'inici de l'Olimpíada de Barcelona. El concert de la jornada inaugural seria a les sis del vespre al Teatre Grec de Montjuïc. Cost de l'entrada: tres pessetes. A banda de la música dirigida per Casals, Barcelona 36 tenia també el seu himne. Una composició de Hanns Eisler, un músic alemany de família jueva, compromès amb les lluites d'esquerra, que s'havia exiliat des d'Alemanya als Estats Units. La lletra, de Josep Maria de Sagarra, que recullen Pujadas i Santacana, engegava el cant amb aquests versos:

> No és per odi, no és per guerra
> que venim a lluitar de cada terra;
> sota el cel blau
> l'únic mot que ens escau
> és un crit d'alegria: la pau.

Per a la inauguració s'havia anunciat una festa folklòrica amb centenars de cantaires i en la qual participarien fins i tot les comparses de La Patum, disposades a saltar-se per a aquella ocasió el dogma de no abandonar la plaça de Sant Pere de Berga. Hi hauria també moments més protocol·laris com el discurs que ja tenia escrit el president de la Generalitat, Lluís Companys. Al voltant de sis mil esportistes d'una vintena de delegacions avançarien pels carrils de Montjuïc. La més nombrosa, després de l'espanyola, seria la francesa. Però la que tenia un pes més simbòlic, segurament, era la de la Unió Soviètica, tant per als partidaris de l'Olimpíada de la capital catalana, com per als detractors de l'esdeveniment. El periòdic d'inspiració catòlica *El Matí*, a principis d'estiu, clamava al cel:

> ...al costat dels elements dispersos que acudeixen a lluitar a Barcelona, tenint en compte que els millors atletes nacionals de cada país acudiran a Berlín, Rússia trametrà el seu equip complet, entrenat i disciplinat. Rússia no va a Berlín. Ve a Barcelona, i la seva

> representació esportiva és molt probable que assoleixi el triomf per la raó que esmenten: perquè serà l'equip nacional més complet i més preparat. I això, als ulls de les masses populars del nostre poble, massa habituades a reaccions simplistes, constituirà una apologia del règim soviètic. Aquest és, en realitat, el perill més greu que representa, en definitiva, la celebració de l'anomenada «Olimpíada Popular» a Barcelona. Els temps ni les circumstàncies que travessem no són pas propícis a apologies del comunisme. I el Govern de Catalunya, com el de la República, tenien obligació de preveure-ho.

I el 15 de juliol, *La Veu de Catalunya* publicava una teoria conspiranoica:

> Persones que estan en el secret de l'organització de la «gran» Setmana d'Esports que està a punt de començar a la nostra ciutat asseguren del tot que Moscou (que ja un cop féu a Rússia una Olimpíada Obrera) tingué la iniciativa de fer unes festes esportives roges per a intentar un cop més anar contra els Jocs Olímpics, que els qualifiquen de burgesos pel sol fet de no poder influir en la seva organització i en el seu afany de pertorbació, i per tal de provar un cop més la seva força sobre els partits bolxevitzants que ens governen, decidiren que la paròdia esportiva fos a Espanya i més concretament a la nostra ciutat. [...] Sembla, però, que en vigílies de l'Olimpíada, els seus dirigents estan força capficats i fins esverats, car si està assegurat del tot el caràcter comunista de l'organització internacional, ja no ho és tant el seu aspecte deportiu, no sols per estar ja tocant el seu baix to, sinó sobretot perquè, malgrat l'haver-se remès per cable sumes relativament importants a diversos països, no és segura la participació d'un nombre important de nuclis d'algunes nacions anunciades, entre les quals s'assenyalen l'equip rus i el francès, i a darrera hora caldrà improvisar representacions

per a donar al públic la sensació d'una cosa que s'aguanti, almenys en el seu caire espectacular. Naturalment que no seran difícils certes combinacions, atès el caràcter comunista i jueu, màxims internacionalistes, dels comparses de ço que malauradament posen sota l'etiqueta esportiva.

Hi hauria delegacions que no es veurien desfilar a Berlín, com l'equip jueu o el palestí. El cartell que anunciava l'Olimpíada de Barcelona del 19 al 26 de juliol i que es podia veure en diversos espais públics era la Nèmesi del de Berlín. Mostrava tres esportistes amb colors de pell diferents, que portaven units una única bandera, la de l'Olimpíada Popular. El cartell de Berlín 36 mostrava un sol home, de músculs esculpits en or, que emergeix triomfador per sobre de la porta de Brandenburg.

La primera prova esportiva durant la inauguració del dia 19 seria una cursa de relleus de vint atletes internacionals que correrien 500 metres cadascun. I aquell mateix vespre començaria el torneig d'escacs. Malgrat les mancances, es va treballar fins al darrer minut per tenir-ho tot enllestit.

Havíem deixat Pau Casals en l'últim assaig de la *Novena*. Fou interromput per un emissari de Ventura Gassol, el conseller de Cultura de la Generalitat, que era també el responsable del programa cultural de l'Olimpíada de Barcelona. Comunicava al mestre que no hi hauria concert inaugural. Hi havia hagut un alçament militar per aixafar la República i els carrers es podien incendiar en qualsevol moment. No era hora de festivals culturals ni esportius. Casals va proposar als músics tocar la peça per última vegada. Tenia difultats per veure la partitura perquè, segons va explicar en les seves memòries, les llàgrimes ho entelaven tot. Després d'entonar l'*Himne de l'alegria* amb la tristesa més profunda, Pau Casals va emprendre el viatge de no retorn cap a l'exili.

Els esportistes soviètics no van arribar a viatjar a Barcelona. Per què no van venir com estava anunciat ha estat una incògnita durant tot aquest temps, però en el procés de documentació per preparar aquest llibre hem trobat la resposta. A l'Arxiu Estatal Rus de la Història Política i Social, a Moscou, hem descobert dos documents que són aclaridors.

En una carta amb segell del 25 de maig del 1936, Jesús Hernández, membre del Buró Polític del Partit Comunista d'Espanya, escriu a Andréi Andréiev, secretari del Comitè Central del Partit Comunista, persona de confiança de Stalin:

> Al Comitè Central del Partit Comunista de l'URSS. Camarada Andréiev:
>
> A Barcelona (Catalunya) s'està organitzant per a la data del 22 al 26 de juliol una Olimpíada esportiva a la qual nosaltres atribuïm una gran importància.
>
> Demanem amb interès al Comitè Central del Partit Comunista de l'URSS que doni les indicaciones oportunes als organismes esportius soviètics amb la finalitat de preparar la participació d'un equip de futbol soviètic en aquesta Olimpíada Popular, tenint en compte que aquest equip haurà de viatjar també per altres ciutats d'Espanya.
>
> Amb salutacions comunistes,
>
> Jesús Hernández

El Partit Comunista d'Espanya segurament volia veure en acció els germans Stàrostin.

El document més revelador és una segona carta. No és la resposta directa a aquesta petició, sinó una correspondència interna entre camarades soviètics amb molt poder. Del seu contingut, podem deduir que podria haver arribat més d'una petició des de Catalunya i Espanya perquè esportistes de l'URSS anessin a l'Olimpíada de Barcelona. En el text al qual hem accedit, Ivan Khartxenko, cap del Comitè de la Cultura Física i l'Esport de Tota la Unió al Consell de Comissaris del Poble de la Unió Soviètica, demana per escrit, a una persona encara més poderosa, permís per enviar esportistes a Barcelona. El destinatari és una figura clau en l'URSS de Stalin: Viatxeslav Mólotov, el director del Consell de Comissaris del Poble. La carta està datada el 14 de juliol del 1936.

Al camarada V.M. Mólotov,

El Comitè Executiu de la Internacional Comunista va entrar al Comitè Central del Partit Comunista de la Unió Soviètica una petició per enviar l'equip esportiu soviètic a Espanya, als Jocs Olímpics nacionals de Barcelona. La petició de les organitzacions revolucionàries espanyoles adreçada al Comitè Central del Partit Comunista de la Unió Soviètica i a l'antic Consell de la Cultura Física de Tota la Unió es va rebre fa més de dos mesos, però la resolució d'aquesta matèria s'ha endarrerit fins ara.

Considerant que l'inici dels Jocs Olímpics està marcat per al 19 de juliol d'aquest any, el Consell Executiu de la Internacional Comunista ha entrat una petició per accelerar el procés d'enviar esportistes soviètics als Jocs Olímpics esmentats al Comitè Central del Partit Comunista de la Unió Soviètica.

El 13 de juliol d'aquest any, el Departament d'Educació Cultural del Comitè Central del Partit Comunista de la Unió Soviètica em va fer una petició per presentar una llista d'esportistes que haurien de ser inclosos en l'equip que s'enviaria a Barcelona. Vaig presentar la llista amb trenta-nou persones, incloent-hi els jugadors de futbol del Dinamo de Moscou, i els nostres millors nedadors, jugadors de tennis, lluitadors i boxejadors.

Comunicant-li el següent, demano permís per enviar els esportistes soviètics als Jocs Olímpics de Barcelona. Al mateix temps, li faig notar que durant la discussió de l'afer al Departament d'Educació Cultural del Comitè Central del Partit Comunista de la Unió Soviètica (amb el camarada Angàrov) els vaig informar que no podia donar permís per enviar-hi l'esmentat equip sense el consentiment del camarada Mólotov.

I. Khartxenko

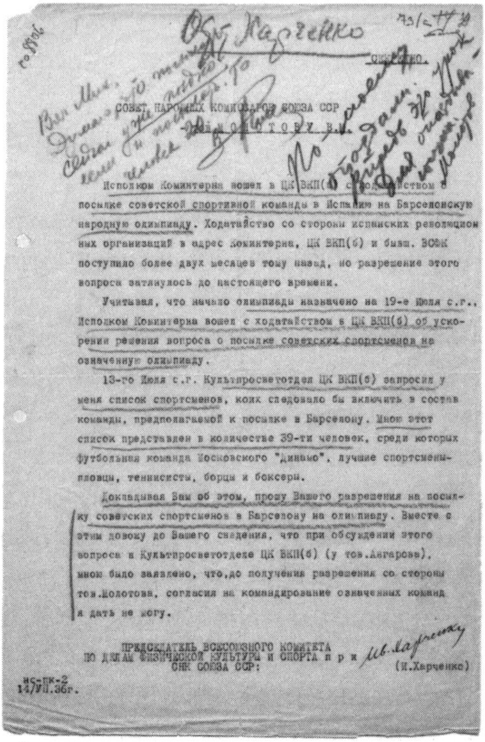

СЕКРЕТНО.

СОВЕТ НАРОДНЫХ КОМИССАРОВ СОЮЗА ССР

тов. МОЛОТОВУ В.М.

Исполком Коминтерна вошел в ЦК ВКП(б) с ходатайством о посылке советской спортивной команды в Испанию на Барселонскую народную олимпиаду. Ходатайство со стороны испанских революционных организаций в адрес Коминтерна, ЦК ВКП(б) и бывш. ВСФК поступило более двух месяцев тому назад, но разрешение этого вопроса затянулось до настоящего времени.

Учитывая, что начало олимпиады назначено на 19-е Июля с.г., Исполком Коминтерна вошел с ходатайством в ЦК ВКП(б) об ускорении решения вопроса о посылке советских спортсменов на означенную олимпиаду.

13-го Июля с.г. Культпросветотдел ЦК ВКП(б) запросил у меня список спортсменов, коих следовало бы включить в состав команды, предполагаемой к посылке в Барселону. Мною этот список представлен в количестве 39-ти человек, среди которых футбольная команда Московского "Динамо", лучшие спортсмены-пловцы, теннисисты, борцы и боксеры.

Докладывая Вам об этом, прошу Вашего разрешения на посылку советских спортсменов в Барселону на олимпиаду. Вместе с этим довожу до Вашего сведения, что при обсуждении этого вопроса в Культпросветотделе ЦК ВКП(б) (у тов.Ангарова), мною было заявлено, что,до получения разрешения со стороны тов.Молотова, согласия на командирование означенных команд я дать не могу.

ПРЕДСЕДАТЕЛЬ ВСЕСОЮЗНОГО КОМИТЕТА
ПО ДЕЛАМ ФИЗИЧЕСКОЙ КУЛЬТУРЫ И СПОРТА при
СНК СОЮЗА ССР: (И.Харченко)

нс-пк-2
14/VII.36г.

Carta de l'Arxiu Estatal Rus
de la Història Política i Social.

El document constata que, en qualsevol cas, la idea no era enviar l'Spartak dels Stàrostin, sinó el seu principal rival, el Dinamo del Ministeri de l'Interior.

La carta té a la part superior esquerra una anotació feta a mà amb llapis blau firmada per un conseller de Mólotov, Valeri Mejlauk. Diu: «Crec que és massa tard per enviar ara l'equip. Si s'envia, han de ser només vint persones».

Mólotov, al costat d'aquesta anotació, amb el seu propi puny i lletra, conclou amb un llapis de color vermell: «En la meva opinió és massa tard. En endavant, és una lliçó per als que van tard».

Realment, era tard. Quedaven només quatre dies perquè comencessin els Jocs de Barcelona quan es discutia aquesta qüestió al més alt nivell a Moscou. És possible que els organitzadors de l'Olimpíada Popular, per mantenir viva l'esperança i no restar importància a l'esdeveniment, no volguessin comunicar públicament que no vindria cap equip soviètic mentre no rebessin la resposta oficial.

Explica Ray Physick, en la seva recerca sobre l'Olimpíada Popular,[4] que a un farmacèutic britànic, de cognom Burford, el 19 de juliol el va despertar el so d'explosions. Va trobar excitant comprovar auditivament que aquella Olimpíada Popular que havia vingut a veure començava amb uns focs d'artifici de traca i mocador ben d'hora. Tan despistat estava que no podia concebre que aquell esvalot estigués provocat pels primers combats urbans.

Els soviètics —com hem vist— no eren a Barcelona, però l'inici de la guerra va enxampar a la capital catalana atletes de diversos països gairebé tan desprevinguts com el farmacèutic anglès. L'Estadi de Montjuïc tenia centenars d'habitacions individuals que estaven ocupades. La majoria van tornar amb rapidesa cap als seus països. Però també n'hi va haver alguns, es

4. *The Olimpiada Popular: Barcelona 1936, Sport and Politics in an Age of War, Dictatorship and Revolution* (2016).

creu que van ser pocs, que van decidir prendre les armes i lluitar al costat dels republicans. El 24 de juliol, *La Vanguardia* informa d'aquest acte:

> *En la Plaza de la República dirigieron la palabra al público los representantes de los Estados Unidos, Noruega, Holanda, Inglaterra, Delegación de judíos de Francia, Bélgica e Italia. Estos oradores expresaron también su agradecimiento al Gobierno de Cataluña y lamentaron que no haya podido celebrarse la Olimpíada Popular. Hicieron constar también que su estancia en Barcelona les ha deparado la oportunidad de presenciar la notable y heroica reacción del pueblo de Cataluña contra el fascismo, el cual desean ver aplastado en todo el mundo. Dijeron que su entusiasmo había llegado hasta el extremo de que muchos de los que formaban parte de las representaciones extranjeras se habían alistado en las Milicias Ciudadanas y se habían ofrecido para formar parte de la columna que saldrá para Zaragoza.*

El 19 de juliol havia de ser un dia històric. I ho va ser. Però, en comptes de quedar inscrit com la data de l'inici de l'Olimpíada Popular, va figurar com el començament de la Guerra Civil espanyola als carrers de Barcelona.

Sense la venjança anticipada que hauria d'haver representat l'Olimpíada de la capital catalana, amb el camp completament lliure, l'1 d'agost començaven els Jocs Olímpics de Berlín. I ho feien amb tota la força de l'enginyeria alemanya. Per primera vegada, s'introduïa el simbolisme del relleu de la torxa olímpica des de Grècia. La flama va entrar a l'Estadi de Berlín, per encendre els ànims i aclamar, amb el braç estès i entre esvàstiques, el *Führer*. L'exhaltació musical va ser obra d'un bon col·lega de Pau Casals: Richard Strauss. Va dirigir l'Orquestra Filharmònica de Berlín interpretant la peça que havia compost per a l'ocasió, l'*Himne olímpic*. L'escoltaven atletes de quaranta-nou països. Espanya no n'hi va enviar cap. Música per a les orelles d'Adolf Hitler, que sentia l'orgull, a més, de convertir els Jocs de Berlín en els primers televisats. Els filmava també amb pols autoral Leni Riefenstahl. Els objectius de les càmeres havien de transmetre, tan lluny com arribés la propaganda, la superioritat de la raça ària. Calia fer-ho, però amb tacte, sense posar de manifest discriminacions que contravinguessin l'esperit olímpic. No obstant això, no ho van poder programar tot. Un cop de justícia poètica es va rebel·lar contra els plans de Hitler. Davant del seu bigoti va néixer la llegenda de Jesse Owens. Va guanyar la medalla d'or en 100 metres, 200 metres, salt de longitud i en els 4 × 100 relleus. Si s'entrava en el discurs de races superiors, es complicava no concloure que la més veloç era la d'aquella pantera negra.

Hitler va tenir els seus Jocs i Alemanya va ser primera al medaller per davant dels Estats Units. I com aquells mal perdedors que llancen el tauler amb les fitxes del joc de taula abans que la partida acabi malament, els alemanys van mantenir el títol de campions olímpics més anys dels previstos. Va ser per obra de Hitler que ni al cap de quatre anys, ni vuit anys després, no hi hagués flama olímpica. La Segona Guerra Mundial va deixar un lapsus de dotze anys sense Jocs. Van tornar el 1948. Aquests, a Londres, van ser els últims sense participació de la Unió Soviètica. I, un cop els soviètics es van posar a competir-hi, els Jocs Olímpics van guanyar grans dosis d'interès.

Hèlsinki 1952

Stalin, olímpic per una vegada

L'any 1950 el Comitè Olímpic organitzador dels Jocs de Hèlsinki va emetre una invitació per a Moscou. L'abril de l'any següent es va crear el Comitè Olímpic de l'URSS i, en la mateixa sessió, els soviètics ja van enviar un telegrama demanant l'adhesió al COI. El 7 de maig del 1951 la Unió Soviètica va ser acceptada com a membre del Comitè Olímpic Internacional. Què se n'havia fet d'aquell país que abominava els «Jocs burgesos»? La retòrica revolucionària sobre l'olimpisme s'havia transformat. Ja es desfilava per la Guerra Freda i es buscaven arenes noves per dirimir la superioritat del model comunista per damunt del capitalista: la conquesta de l'espai, l'avenç científic, omplir els hangars d'armes nuclears procurant no haver-les d'utilitzar i, és clar, l'esport. El model de vida soviètic havia de tenir com a resultat marques imbatibles. Competir per a la glòria de l'URSS els havia de portar més amunt, més de pressa i amb més potència. I havia arribat el moment de demostrar-ho.

Així és com el cartell de Hèlsinki 1952 va lluir el seu principal al·licient: veure la Unió Soviètica per primera vegada en uns Jocs Olímpics. Serien, a més, els primers i els últims Jocs de Stalin, que va morir el 1953, però això en aquell moment encara no ho sabia ningú. El fet important per a la Història és que la bandera amb les cinc anelles abraçaria nord-americans i soviètics. L'esperit olímpic, tanmateix, va tenir d'entrada un abast limitat perquè els soviètics van viure en una vila olímpica ubicada en una altra ciutat. Com que hi havia molts esportistes, es va optar perquè, juntament amb els de diversos països de l'est, residissin a Espoo, a Otaniemi. Els capitalistes dormirien a Hèlsinki. L'edifici on es van instal·lar els soviètics era fàcil d'identificar. De la façana de maons, en destacaven les lletres ciríl·liques CCCP separades per l'escut amb la falç i el martell i, a sota, penjava un quadre de Stalin amb la seva tradicional indumentària blanca.

Residència dels esportistes soviètics a Espoo, Finlàndia, el 1952.

Als Jocs del 1952 s'hi van presentar seixanta-nou països. Feia set anys que la Unió Soviètica havia guanyat la Segona Guerra Mundial, però n'havia pagat un cost terrible, més elevat que cap altra nació: més de vint-i-cinc milions de morts.

Es pot afirmar que la Gran Guerra Patriòtica va afectar directament gairebé totes les famílies soviètiques. Van morir milions de joves en els anys de màxima esplendor física i molts dels supervivents havien patit un malson de privacions. Per tant, tots els soviètics que van arribar als Jocs havien sofert en algun grau la Segona Guerra Mundial i no era forassenyat preguntar-se quin paper farien els esportistes que van desfilar el 19 de juliol a l'Estadi Olímpic. El 3 d'agost ja hi havia resposta. El medaller indicava que el millor equip havia sigut els Estats Units: setanta-sis medalles. I el segon, amb només cinc medalles menys, l'URSS. Els nord-americans van obtenir moltes primeres posicions (40), però els soviètics havien acumulat molta plata (30). El primer xoc olímpic de la Guerra Freda se'l va anotar l'imperi capitalista. Però les files soviètiques van aportar actuacions llegendàries, com la de la gimnasta Maria Gorokhóvskaia, que va establir un rècord de set metalls que no ha estat superat, encara avui, per cap dona. Encara impressiona més si se sap que Gorokhóvskaia va ser una de les supervivents d'un dels episodis de guerra més cruels: el setge de Leningrad. També el remador Iuri Tiukalov va sofrir aquell infern de gana i fred. I, tot i així, el 1952 va tenir la força i la preparació suficients per conquerir la glòria olímpica. I és que els Jocs de Hèlsinki estan identificats al Museu Estatal de l'Esport de Moscou com els dels *blokádniki* —els esportistes que havien sobreviscut al bloqueig de Leningrad— i els dels *frontovikí* —els atletes que havien tornat del front de la Segona Guerra Mundial.

Del front i els camps de concentració al podi

Víktor Txukarin va quedar impressionat quan, en un estadi d'Ucraïna, va veure una actuació de gimnàstica. Havia jugat a futbol, havia remat, havia nedat, però ara només volia imitar aquelles acrobàcies que havia vist. I a això va dedicar la tarda, amb el seu germà, al menjador de casa seva. La guspira havia pres. Més tard, va poder entrenar-se amb un gran gimnasta i el 1940, amb dinou anys, es va proclamar campió d'Ucraïna i va obtenir el títol de Màster de l'esport. La seva carrera prometia, però un fet la va aturar en sec: l'atac de les tropes feixistes de Hitler a la Unió Soviètica. Es va presentar voluntari per anar al front i es va incorporar a la 289 Divisió de Fusellers, que tenia encomanada la defensa de Kíiv. Al setembre del 1941, el van ferir a prop de Poltava i Víktor Txukarin va quedar pres. El van fer transitar per setze camps de concentració nazis, entre els quals cal esmentar Buchenwald. El seu destí final era, però, el camp de Sandbostel. El tracte que rebien els presoners de guerra era sever. La gana, el tifus i les bales dels guàrdies es van cobrar milers de vides mentre Txukarin hi va ser. Malgrat que no havia treballat mai en una granja agrícola, quan els ho van preguntar, ell va afirmar el contrari per canviar aquells barracons per la feina al camp. Va fer el que va poder per tenir cura dels naps. I el millor és que va trobar la manera de construir-se una barra i entrenar una mica després de la jornada de treballs forçats. Però, per a la seva desgràcia, el van tornar al camp de concentració. Quan el malson es va acabar, el 1945, pesava quaranta quilos.

De tornada a Ucraïna, va trobar feina d'entrenador d'Educació Física a la planta metal·lúrgica de la ciutat portuària de Mariúpol. Després de preparar els joves i els fills dels obrers, es quedava a la sala per exercitar-se. El 1946, va quedar dotzè al Campionat soviètic. Quan va arribar la data dels Jocs de Hèlsinki, ell ja tenia trenta anys. Fins i tot per a algú que no hagués parat d'entrenar-se i s'hagués cuidat escrupolosament, hauria estat tota una fita plantar-se als seus primers Jocs Olímpics a aquella edat. Però Txukarin hi va arribar més motivat que ningú i va fer una actuació memorable. Va ser el millor en la suma de tots els elements. També va aconseguir la millor nota en salt de cavall i al cavall amb arcs. I, finalment, va sumar l'or també per a l'equip soviètic. Un dels seus companys era Grant Chaginian, armeni, a qui una ferida de guerra havia deixat coix. Lluïa especialment a les anelles —on també va ser or— o al cavall amb arcs —plata—, però, en canvi, al terra, competia en desavantatge. Indiscutiblement, una de les sensacions de Hèlsinki van ser els quatre ors i les dues plates de Txukarin. Per emmarcar la seva carrera, amb trenta-quatre anys, a Melbourne 1956, l'expresoner dels camps nazis va tornar a guanyar tres ors, una plata i un bronze i encara avui és un dels esportistes més importants que ha vist néixer Ucraïna.

Una trajectòria paral·lela molt similar va ser la del també ucraïnès Iàkov Punkin. El van cridar a les files de l'Exèrcit Roig el 1941, però de seguida el van capturar. Va sobreviure als camps de concentració fins al final de la guerra. Va dedicar tres anys més a l'exèrcit i quan, el 1952, va ser seleccionat per a Hèlsinki, es va proclamar campió olímpic de lluita grecoromana en categoria de fins a 62 quilos.

Ivan Udódov no era pas esportista quan, d'adolescent, les tropes de Hitler van ocupar el seu poble. Aquell noi va acabar al camp de Buchenwald. Van morir-hi més de 55.000 presoners. Quan el 1945 hi van arribar els soldats nord-americans, Udódov pesava menys de trenta quilos. Era un esquelet que no podia sostenir-se dret. Es va passar un any en un sanatori, però no s'acabava de recuperar. El metge li va recomanar que fes exercici físic i així és com va començar a aixecar peses al gimnàs. Aquell pes mosca de menys 56 quilos va sumar 315 quilos en les seves tres millors marques als Jocs de Hèlsiniki, 7,5 quilos més que el segon classificat. Va marcar un rècord olímpic i va ser el primer or per a l'halterofília soviètica.

En aquella guerra freda esportiva, els dos bàndols, per tant, tenien motius per estar satisfets. Els Estats Units van liderar el medaller i l'URSS va fer una actuació remarcable. I el cert és que no hi va haver incidents entre les dues delegacions. Al contrari. La revista *Time*, el juliol del 1952, en l'article de l'inici dels Jocs, descrivia aquesta escena:

> Els russos somrients. Mentre els atletes van començar a escalfar per a les primeres proves, la gran notícia era l'equip rus. Determinadament amistosos des del principi, han tingut l'encert de visitar la zona dels esportistes dels Estats Units, parlant amb llenguatge de gestos.

És clar que el periodista suggeria també un altre motiu per a tanta cordialitat:

> Alguns observadors cínics, després de saber com s'han preparat els russos per als Jocs, van pensar que tenien una explicació millor. Només l'any passat, l'URSS va gastar milions de rubles en el seu programa atlètic per portar la flor i nata del total de 25 milions d'atletes que havien preparat per a Hèlsinki. Aparentment els russos se sentien prou segurs de les seves possibilitats com per anticipar alguns somriures pels rècords batuts. Després del primer dia de competició, els somriures eren més amplis que mai. En la primera final d'atletisme, Nina Romaixkova, una amazona rossa russa, va accelerar per llançar el disc a 51,42 metres, un rècord olímpic.

Un llançament per a la història, perquè Romaixkova es va penjar el primer or olímpic per a la Unió Soviètica.

De fet, la màxima rivalitat no es va viure entre el bloc capitalista i el comunista, sinó entre sensibilitats diferents de l'òrbita socialista.

Un partit a vida o mort

Quan es va saber que l'URSS participaria en els Jocs, quedava poc temps per posar-se a punt i es va encarregar a l'entrenador de la formació més forta del moment a la Lliga soviètica, el TSDSA,[5] la Casa Central de l'Exèrcit Soviètic, que formés la selecció nacional. Borís Andreiévitx Arkàdiev va convocar set jugadors de l'equip de l'exèrcit i la resta, del Dinamo, l'Spartak, el Zenit...

En la preparació van disputar diversos amistosos contra seleccions d'altres països conservant el nom de TSDSA.

I va ser l'equip de futbol soviètic el que va protagonitzar el capítol més tens dels Jocs de Hèlsinki. I no va ser contra l'enemic capitalista ianqui. Quan van saltar més guspires, va ser en l'enfrontament entre l'URSS i Iugoslàvia. Stalin i Tito havien partit peres i volien passar comptes onze contra onze. Van quedar aparellats a la segona ronda, als vuitens de final, i només un equip podia passar a la tanda següent. El partit no podia començar pitjor per als soviètics. Poc després de reprendre la segona part, Iugoslàvia guanyava 0 a 4! I a trenta minuts del final, el germà gran comunista semblava una joguina en mans de les forces del mariscal Tito: 1 a 5. La catàstrofe era inevitable quan el capità soviètic, Bobrov, va marcar. Faltaven només catorze minuts. Es va reprendre el joc, però a dues marxes molt diferents. L'equip iugoslau havia petat físicament. Els soviètics, molt més frescos, es van llançar a l'atac. I van marcar dos gols més: 4 a 5. Quedava només un minut per al final i es va obrar el miracle. Petrov va aconseguir l'empat. En la mitja hora de la

5. Posteriorment es va anomenar CSKA, que és el nom que s'ha conservat fins avui. De fet, la transliteració al català de ЦСКА possiblement hauria de ser TSSKA. Però com que la tradició que ha fet fortuna és CSKA, respectem aquesta forma. La lleta Ц del ciríl·lic sona com a *ts*.

pròrroga no hi va haver més gols. Tothom s'havia buidat. Sense tanda de penals, la normativa marcava que el destí d'aquella confrontació s'havia de resoldre en una repetició del partit, després d'una jornada de descans. Al mateix escenari, Iugoslàvia va guanyar 3 a 1 sense permetre ja remuntades èpiques.

Després de la derrota olímpica davant l'*enemiga* Iugoslava, es diu que alguns jugadors temien que serien arrestats tan bon punt tornessin a Moscou. Però no va ser així. El que sí que va succeir és que el Comitè de la Cultura Física i l'Esport del Consell de Ministres de l'URSS va aprovar l'ordre número 793, del 18 d'agost del 1952, sobre «l'equip de fubol TSDSA», firmada per N. Romànov, que deia:

> Indicar que l'equip TSDSA va actuar de manera insatisfactòria als Jocs Olímpics, va perdre el partit davant dels iugoslaus, causant un dany seriós al prestigi de l'esport soviètic i a l'Estat soviètic.
>
> L'entrenador principal de l'equip, el camarada Arkàdiev B. A., no va dur a terme les seves obligacions; no va proporcionar la preparació adequada als futbolistes i això va conduir l'equip al fracàs als Jocs Olímpics.
>
> Uns quants futbolistes de l'equip, especialment la línia defensiva, es van comportar de manera irresponsable per als partits que havien de disputar, van jugar per sota de les seves possibilitats, van cometre una gran quantitat d'errades.
>
> Ordeno:
>
> 1. Per la fallida de l'equip als Jocs Olímpics, pel greu dany ocasionat al prestigi de l'esport soviètic, eliminar l'equip del TSDSA de la Copa de l'URSS i dissoldre'l.
>
> 2. Per la inadequada preparació de l'equip, per la seva fallida als Jocs Olímpics, el principal entrenador de l'equip TSDSA, el camarada Arkàdiev B. A., expulsar-lo de la feina i desposseir-lo del títol «Mereixedor de Màster de l'esport de l'URSS».

3. Revisar en la següent sessió del Comitè la qüestió de l'actitud irresponsable de determinats futbolistes durant els partits amb Iugoslàvia, que va conduir l'equip al fracàs als Jocs Olímpics.

En la reunió del comitè del 2 de setembre del 1952, es va emetre l'ordre «sobre els futbolistes de l'equip que van participar als Jocs Olímpics»:

1. Pel comportament irresponsable que va tenir com a resultat la derrota del partit amb els iugoslaus, causant un dany seriós al prestigi de l'esport soviètic, desposseir els camarades Baixaixkin i Krijevski del títol de «Màster de l'esport de l'URSS» i desqualificar-los durant un any.

2. Pel comportament irresponsable i poruc al terreny de joc, desposseir el camarada Béskov del títol de «Mereixedor de Màster de l'esport de l'URSS» i desqualificar-lo durant un any.

3. Per un comportament incorrecte durant els partits, desposseir el camarada Nikolàev del títol de «Mereixedor de Màster de l'esport» i al camarada Petrov, per la seva indisciplina, desposseir-lo del títol «Màster de l'esport de l'URSS».

En els tres partits de Hèlsinki, només hi van intervenir quatre jugadors del TSDSA. Però tots els represaliats eren de l'equip de l'exèrcit, que, de fet, deixava d'existir per decret. Es va perdre tota una temporada i va reaparèixer el 1954 amb el nom modificat i quan la direcció del país ja l'havia assumida Khrusxov. Per què les autoritats es van acarnissar només amb un equip? Els malpensats respondrien que algú amb molt poder va veure un bon pretext per aplanar una mica el terreny a l'equip del Dinamo. I és un fet que les dues següents temporades no li van anar malament a l'equip del Ministeri de l'Interior...

Melbourne 1956

L'URSS conquereix l'Olimp

L'any 1956, en la seva segona participació al Jocs d'Estiu i la primera en uns d'Hivern, la Unió Soviètica aconsegueix dominar el medaller en els dos certàmens. Aquesta proesa només l'havia aconseguida un altre país, el 1932, quan les dues edicions es van disputar als Estats Units. Jugaven a casa i els nord-americans van sumar més or que cap altre país a Los Angeles i a Lake Placid. Però l'URSS va anar molt més enllà. En la seva història va aconseguir la doble gesta olímpica sis vegades. Cap país no s'ha acostat a aquesta heroïcitat.

Moscou va marcar els Jocs de Melbourne del 1956 també per un altre motiu. La invasió soviètica d'Hongria aquell mateix any va propiciar el primer boicot olímpic per part d'Espanya, Suïssa i els Països Baixos. El partit de waterpolo entre Hongria i l'URSS va ser batejat com el de *la sang a la piscina* per les hòsties que es van repartir sota l'aigua. Amb un cop de puny, el soviètic Prokópov va fer un tall a prop de l'ull a l'hongarès Zádor, de manera que, quan aquest va sortir de l'aigua, li rajava un riu de sang per la cara que li regalimava fins al pit. Els espectadors van exaltar-se i hi va haver d'intervenir la policia. El partit es va donar per acabat amb victòria dels hongaresos, que guanyaven 4 a 0.

L'any 1960 l'URSS encara guanyà més clarament tant als Jocs d'Estiu com als d'Hivern. I per acabar d'afegir interès al medaller de la Guerra Freda, l'any següent l'URSS va sorprendre el món amb el vol a l'espai de Iuri Gagarin, el primer cosmonauta. Tan important com la cursa esportiva, era l'espacial. La Unió Soviètica pretenia el títol de primera potència mundial en la ciència, la cultura, l'esport... havia de ser un domini global. I, en cas que no fos real, era suficient que s'ho creguessin els ciutadans soviètics. Aquesta era la tasca que tenia encomanada la propaganda.

El 1964 són els Estats Units els que encapçalen el medaller a Tòquio. L'actuació més destacada per a la Unió Soviètica d'aquells Jocs d'Estiu va ser la de la gimnasta Larissa Latínina, que va afegir sis medalles a les que havia guanyat a Melbourne i a Roma. Una carrera olímpica de divuit podis. Van haver de passar quaranta-vuit anys fins que Michael Phelps, amb les seves braçades, superés aquella marca, el 2012.

Als Jocs d'Hivern d'aquell any, a Innsbruck, l'URSS va arrasar. I es va començar a parlar per primera vegada d'una parella que ompliria en el futur molts titulars. Els Protopópov, protagonistes d'una història amb tots els ingredients per quedar-hi enganxat: superació, amor, victòria, derrota, espies i girs inesperats. Una història que no podem passar per alt. Ens hi detindrem un moment.

Els Protopópov: la parella més elegant

Van començar a patinar junts tard. Ell tenia vint-i-tres anys i ella, vint. Els van dir que ja no tenien res a fer. Però no van escoltar res més que els seus cors. Volien estar junts i volien patinar junts. L'URSS no havia guanyat mai cap medalla olímpica en patinatge artístic sobre gel quan Liudmila Belousova i Oleg Protopópov, que no tan sols eren parella esportiva, sinó també marit i muller, van omplir aquella casella de la història. Van preparar a consciència la seva actuació per als Jocs per intentar sorprendre la parella alemanya que dominava sempre les competicions. I, el 1964, a Innsbruck, van obrir un camí —que acabaria sent molt i molt llarg— de victòries olímpiques soviètiques en aquesta modalitat. Del 1965 al 1968, van guanyar els quatre Campionats Europeus i els quatre del món. La seva elegància ballant damunt del gel era excepcional, la seva sincronització era impecable, exhibien una tècnica molt depurada i, a més, eren molt creatius. Aportaven figures que no s'havien vist abans.

Als Jocs del 1968, a Grenoble, es van penjar el segon or olímpic consecutiu. L'Oleg tenia trenta-cinc anys i la Liudmila, trenta-dos. Encara se sentien amb corda per seguir, però una altra parella soviètica els va començar a eclipsar: Irina Rodnina i Aleksei Uliànov. Segons els autors del llibre *The KGB Plays Chess*, als serveis secrets feia temps que escrivien informes de «l'actitud negativa de la parella de patinadors envers la realitat soviètica i sobre la seva admiració pel model de vida occidental» i Protopópov i Belousova van començar a sentir la pressió asfixiant de l'aparell de l'Estat que es movia a les tenebres. Una de les amenaces que més temien les autoritats soviètiques eren les desercions de figures famoses. Significava, entre altres coses, que el món meravellós que dibuixava el Kremlin s'esvaïa i que la informació real que volien controlada fugia amb els escriptors, artistes o esportistes que aconseguien escapar-se a zona hostil. Al setembre del 1979, durant una sortida a Suïssa per efectuar una exhibició, Belousova i Protopópov van demanar asil polític al país helvètic i ja no van tornar a la Unió Soviètica. Feia poc havia fet el mateix el gran mestre dels escacs Víktor

Kortxnoi[6] i tres ballarins del Teatre Bolxoi s'havien quedat als Estats Units. De totes aquestes, però, la fugida de la parella carismàtica de patinadors era, segurament, la més dolorosa per a l'URSS.

La fama de l'Oleg i la Liudmila no va parar de créixer entre els amants del patinatge artístic, perquè la parella no va deixar mai de patinar. Residien envoltats de les muntanyes suïsses de Grindelwald, però anaven a gales per tot Europa i els Estats Units. Els espectadors quedaven sempre atrapats per unes coreografies encisadores que desprenien amor, un amor que tothom projectava també en la parella. Units, malgrat totes les adversitats. Com més cabells blancs tenien, més admiració generaven les seves actuacions. Quan l'Oleg va fer setanta anys, van rebre una invitació de Viatxeslav Fetísov, aleshores ministre d'Esports rus, per tornar a Sant Petersburg. Va acceptar i la parella va patinar de nou a la ciutat que ja no formava part de l'URSS i que ja no es deia Leningrad. Van explicar que havien marxat del país simplement per viure millor i que ja no abandonarien mai Suïssa, la terra que els havia acollit tan bé quan més ho necessitaven. Van seguir patinant mentre van poder, fins que, el 2017, als vuitanta-un anys, Liudmila Belousova va morir. Han passat cinc anys des de la mort de la seva parella. En aquest temps a Grindelwald, Oleg Protopópov s'ha mirat els patins incomptables vegades, però no se'ls gosa posar. No sap què és patinar sense la Liudmila i no s'atreveix a lliscar sense sentir-la a prop, sabent que quan estengui la mà no trobarà el confort dels dits de la seva estimada. Arriba un dia, però, que fa el cor fort. I patina. Patina sol. És la persona més sola del món. La fulla platejada dels patins se li clava a l'ànima com un punyal. L'endemà

6. És un dels autors de *The KGB Plays Chess*, juntament amb Borís Gulko, Vladímir Popov i Iuri Felsxtinski.

d'aquell salt al buit en solitari, el 20 d'agost del 2021, un periodista li truca des de Moscou. Soc jo que ignoro fins a quin punt aquest ancià de vuitanta-nou anys està passant per un moment delicat. M'ho explica.

—Encara estic intentant superar-ho. Pot ser molt dur per a mi recordar la nostra vida. Per això prefereixo no fer-ho. Sento molta frustració. Ahir, per primera vegada des del 2017, vaig patinar de nou, tot sol. I ho faig per la Liudmila. Vull que la seva memòria perduri el màxim de temps. Sap? Des del 1954, seixanta-quatre anys, patinant junts, cada dia, tot el dia. Potser encara han de passar dos anys més perquè ho vagi acceptant i en pugui parlar. Encara hi ha alguna cosa al cor que crema. Penso molt en ella.

Jo a Rússia i ell a Suïssa. Es fa el silenci. Temo que la nostra conversa ha acabat. Però ell afegeix que, a part del dolor, tampoc no voldria comentar determinades coses amb mi, perquè no em coneix i «potser vostè és un home honest, però potser no». Intueixo en aquest comentari que l'ombra del KGB no s'esvaeix amb els anys. Jo no tinc arguments perquè confiï en mi més enllà de manifestar-li la veritat: que m'interessa la vida d'alguns esportistes soviètics que van ser història olímpica i que, si ell fos en el meu lloc, també insistiria a escoltar de primera mà un episodi d'amor tan bell com el seu.

L'Oleg reafirma que preferiria no parlar-ne. Però ho fa de la manera més bonica que hi ha. Parlant-ne. Malgrat que m'ha dit que no em pot explicar el que voldria, manté la conversa viva. I jo me n'alegro. Per apartar-lo del dolor de la pèrdua de la seva dona, el transporto al moment en què tot va començar.

—Jo tenia vint-i-tres anys quan vam demanar un entrenador i ens van dir que a aquesta edat ja havíem d'haver-ho après tot, que ens dediquéssim a tenir fills. Així que ens ho vam treballar pel nostre compte. I som la prova que es pot aconseguir qualsevol cosa. A Leningrad vam entrenar en una pista de gel que es va instal·lar a dintre d'una església vella, a la riba del Nevà. Feia 16 metres quadrats. Era insuficient, però no hi havia res millor. Quan vam guanyar els Jocs d'Innsbruck el 1964, ens van convidar a una recepció amb Nikita Khrusxov. Ell parlava dels plans que tenien, que construirien cases... i jo el vaig interrompre: «I també cal fer pistes de patinatge, perquè hem guanyat els Jocs Olímpics i a Leningrad no tenim ni una sola pista reglamentària!». I ell va respondre: «Com? No n'hi ha cap?». I allà mateix va donar l'ordre de construir el pavelló Iubileini ('aniversari'), que avui és la coneguda pista de Sant Petersburg...

Perdo el seu discurs. No hi ha senyal. El meu telèfon s'ha quedat sense diners per trucar a Suïssa. El recarrego ràpid. Torno a tenir el seu fil de veu. Em sabria greu haver acabat d'aquella manera. Ell atribueix la interrupció a les forces secretes que es mouen en l'obscuritat. Li han fet la vida impossible i sap que truco des de Moscou i que feia força minuts que parlàvem. Jo li explico que se m'ha ventilat el saldo. No em creu. Però el més important és que seguim parlant. I ara, li pregunto per les filigranes que creaven junts, ell i la seva estimada.

—Sí, és cert que vam crear tres espirals. La primera figura, la *còsmica*, està dedicada al primer home que va tenir el cosmos cara a cara, Gagarin. L'*espiral de la vida* està marcada per les fulles dels patins de la Liudmila: endavant, interior, enrere... i l'*espiral de l'amor* era la més difícil, la que ningú més al món podia fer. Miri la nostra actuació d'Ave Maria, del 1982, a YouTube, allà hi ha comentaris. En aquella actuació, jo tenia cinquanta anys. Per cert, nosaltres, durant molts anys, vam anar filmant una pel·lícula, feta amb els nostres recursos, que és definitiva. Qui la vegi tindrà tots els trucs per ser campió. No l'hem ensenyat mai i mai s'ha vist res igual.

—Com i per què decidiren abandonar l'URSS?

—La decisió de marxar de la Unió Soviètica va ser espontània. Havien passat coses extraordinàries que, com li he dit, no puc discutir amb vostè.

—Com es troba ara?

—Les cendres de la Liudmila són aquí, amb mi. Està estirada al meu costat. M'està esperant. Me la miro i hi parlo cada dia. Alguns poden pensar que estic boig. Vaig dir als meus amics que, quan les meves cendres i les seves estiguin juntes, les enviïn a Leningrad (Sant Petersburg). Les vull allà on va començar tot, gràcies a la meva mare, que era ballarina i que va fer que ens coneguéssim. Ja veu quin revolt!

Munic 1972

El salt de Kórbut

El 1968 ES POT CONSIDERAR UN MAL ANY olímpic per a l'URSS, que no va ser primera ni als Jocs d'Estiu ni als d'Hivern. L'any següent, l'*Apollo 11* plantava els nord-americans a la Lluna i amb un pas petit sobre l'astre feien un salt de gegant al medaller de la Guerra Freda. Dos revessos greus.

Els Jocs de Munic del 1972, en canvi, van estar marcats per diversos fets extraordinaris. El més tràgic, l'atac del grup armat palestí Setembre Negre contra la delegació israeliana a la Vila Olímpica. Va acabar amb onze esportistes israelians, cinc atacants i un policia morts. Les proves es van suspendre durant trenta-quatre hores.

Tot i que un sol home, el nedador Mark Spitz, va sumar set ors per a la delegació nord-americana, la Unió Soviètica va tornar a liderar amb contundència el marcador global. Feia cinc dècades de la creació de l'URSS i van sumar cinquanta medalles daurades, com si haguessin pretès bufar una espelma d'or per cada any.

La més disputada va ser la de bàsquet. Els Estats Units, de blanc, no havien perdut ni un partit des que el 1936, a Berlín, el bàsquet es va convertir en esport olímpic. La seva targeta era de

63 victòries i 0 derrotes. Una exageració. I tot indicava que l'URSS, de vermell, s'empassaria la pols del parquet. Rojos contra blancs, com si es tractés de la guerra civil que va seguir la Revolució Russa.

Els soviètics, sorprenentment, van imposar el seu joc durant gairebé tot el partit. Cap al final, el marge es va estrènyer. Aturem-nos a l'últim minut, que serà històric. Corren els segons, en queden 55 i el marcador mostra un 46 a 49 per als soviètics. El miracle de derrotar la gran potència del bàsquet es veu possible, però la tendència dels americans és ascendent. Passen 10 segons i encistellen. La medalla penja d'un punt, 48-49, però la possessió és per als rojos. Plantegen un atac llarg i el fallen. Oportunitat de nou per als americans, que no perden temps i volen cap al camp contrari; la safata de Doug Collins no entra, però li xiulen una personal a favor. Hi ha dos tirs lliures per a Collins. Queden només tres segons. Entra el primer. Empat a 49. I el segon... també! S'avancen els nord-americans. No esperaven patir tant, però potser aquesta victòria tindrà un gust més dolç, perquè és treballada i amb remuntada final. L'èpica sempre se celebra més. Abans, però, s'han de jugar els tres segons que queden. Els soviètics surten ràpid, en curt, però quan la bola és a la divisòria del centre de la pista, hi ha enrenou a la taula d'àrbitres. El joc s'atura. Un segon per al final. Els tècnics soviètics protesten perquè afirmen que tenien demanat un temps mort que se'ls hauria d'haver concedit. Finalment s'accepta la seva demanda. S'atura el joc i es reprendrà amb els tres segons al marcador.

Passada curta. Tir llarg que no entra i botzina! Els Estats Units campions. Invasió de pista. Els narradors dels dos països parlen d'un altre or per a l'estadística dels americans. Els dos bàndols poden estar satisfets. Els Estats Units han complert el pronòstic i els soviètics han fet patir un equip que semblava imbatible. Però... alguna cosa torna a passar. Els àrbitres intenten netejar la pista. No se'n surten. Estan demanant a tothom que torni a lloc. S'ha de repetir la jugada perquè hi ha hagut un problema amb el marcador electrònic i no s'ha activat el compte enrere del rellotge. Tornen a quedar tres segons. Són tres segons eterns. Ara la passada d'Ivan Edeixko des de sota la cistella no és curta, sinó un míssil de llarg abast. Sota l'anella oposada, Aleksandr Belov salta amb força per agafar la pilota. L'hi disputen dos defensors rivals, que en l'aterratge van per terra. Amb el tresor ben agafat i just abans de la botzina final, Belov anota els dos punts que valen un or olímpic. 50-51. Els soviètics es llancen a terra extasiats. És el desenllaç més esperpèntic d'una final de bàsquet. Una victòria històrica que deixarà el segon graó del podi buit, perquè els jugadors nord-americans van considerar que els havien atracat i no van participar en l'entrega de premis. Van rebutjar les medalles de plata. No havia passat mai abans.

Un altre xoc igualat entre els dos blocs es preveia en la prova reina de la velocitat, els 100 metres. L'ucraïnès Valeri Borzov tenia una gran tècnica i molta potència. Però dos corredors nord-americans, Eddie Hart i Rey Robinson, havien baixat 10 segons aquell any. El dia de la segona ronda d'eliminatòries, els atletes dels Estats Units s'estaven acostant de mica en mica a l'estadi quan es van aturar al set de televisió del canal ABC. Els va cridar l'atenció que hi mostraven curses de 100 metres.

—Estan emetent les primeres tandes que vam fer? —van preguntar.

—No, són les curses d'avui en directe.

Gairebé els agafa un atac. Estaven contemplant les carreres en què havien de participar! El seu entrenador els havia entregat un horari antic que indicava que quedaven tres hores per a la sortida. No van arribar-hi a temps. I el soviètic Borzov va fer la seva carrera a la final, amb un inici impecable, i va tenir temps d'alçar els braços abans de creuar la meta. Borzov va demostrar més tard que quan tots els rivals arribaven puntuals també podia ser el millor, perquè va guanyar l'or en els 200 metres llisos.

Però, a Munic 72, l'esportista que més cors va conquerir a una banda i a l'altra del teló d'acer va ser una noia soviètica de disset anys, Olga Kórbut. I el seu gran moment és aquest: s'acosta a les barres paral·leles. Fa molt pocs segons que ha començat l'actuació quan passa a la barra superior, s'hi enfila amb els dos peus i comença un tornado de moviments que costen de creure. Fa un salt voltant cap enrere i s'agafa amb les dues mans a la barra superior de nou per sortir llançada com un llamp cap a la barra inferior. Hi impacta amb la cintura, fa una volta sencera de cos i es projecta amb una energia infernal d'esquena cap a la barra superior, estén els braços i queda agafada de nou a la barra superior. El món de l'esport acaba de veure el *Kórbut flip*. El terratrèmol continua fins que clava una sortida perfecta. La puntuen amb un 9,8. El públic comença a xiular i a picar de peus. Cada vegada amb més insistència. Demanen el 10. Els jutges no rectifiquen. Per aquest exercici serà plata, una medalla que sumarà als ors de terra i de la barra d'equilibris. Però el que acaba de fer transcendeix el palmarès. En mig minut ha eixamplat els límits del que era possible. La seva companya d'equip i gran favorita, Liudmila Turíxtxeva, que encarna una manera més ortodoxa d'entendre la gimnàstica, no pot dissimular el seu malestar. Kórbut, aquella noia tan menuda i que s'ha mostrat tan sincera en les seves emocions davant del públic, plorant quan ha fet errors greus i rient espontàniament sempre que ha pogut, comença a rebre reconeixements internacionals. És nomenada Esportista de l'Any a tot arreu i es converteix en la figura prominent de l'esport soviètic. El 1973, amb la resta de gimnastes de l'equip soviètic, té al costat Richard Nixon a la Casa Blanca:

—Veig que sempre teniu la capacitat de caure dreta. Per això és important la vostra visita aquí a Washington, perquè tots els polítics intenten també aterrar de peus,[7] no sempre amb èxit. Us dono la benvinguda no tan sols pels vostres resultats, sinó també pel que representeu. Quan em trobi amb els vostres líders, parlarem del futur, de la gent jove. Siguin quines siguin les diferències entre els líders polítics, volem un món en què els joves puguin viure en pau.

La gràcia de Kórbut semblava un impuls per començar a enterrar la Guerra Freda.

El 2009, el *Kórbut flip* va ser prohibit perquè era un salt molt perillós per a les gimnastes. Les imatges dels entrenaments d'Olga Kórbut a Bielorússia posen els pèls de punta. Segons va explicar l'esportista anys més tard, el seu entrenador, Renald Knish, era un geni inventant piruetes, però també un tirà que li va arribar a lesionar una orella d'una bufetada i que va abusar d'ella sexualment. Ell va negar la segona acusació.

Kórbut, que viu als Estats Units, ha venut recentment les seves medalles juntament amb altres objectes que havia tingut com a gimnasta. En va obtenir 180.000 dòlars. Tothom va deduir que anava justa de diners. Ella va declarar al Primer Canal de la televisió de Rússia que només es va quedar una part de la suma, que la resta la va donar. Probablement els espectadors no la van creure, però ella va insistir: «Si les medalles poden fer algú feliç, per què les he de tenir plenes de pols a la meva maleta? Sempre m'han creat problemes. Me les oblidava o feien endarrerir vols perquè als controls volien saber exactament què eren aquells metalls».

7. Aterrar de peus (*to land on one's feet*) vol dir 'tenir sort', en anglès.

Els soviètics, massa professionals?

Oficialment els Jocs Olímpics estaven reservats als esportistes *amateurs*. És a dir, a aquells homes i dones que no rebien un salari per fer esport, sinó que tenien altres ocupacions per sobreviure. Els Jocs d'Hivern de Sapporo 1972 van començar... abans de començar. Tres dies abans, de fet. El Comitè Olímpic Internacional va decidir expulsar l'esquiador austríac Karl Schranz per haver permès que la seva imatge servís per fer publicitat. A Jim Thorpe, que el 1912 havia guanyat dues medalles d'or en pentatló i decatló, li van retirar els guardons temps després perquè es va saber que havia cobrat —tot i que la quantitat era irrisòria— en la seva anterior etapa de jugador de beisbol. El finlandès Paavo Nurmi, un dels millors corredors de fons, guanyador de dotze medalles olímpiques, el 1929 va acceptar la invitació de participar en proves d'exhibició als Estats Units. Com que hi havia una compensació econòmica, va ser suspès de per vida per poder participar en Jocs Olímpics i es va perdre els de Los Angeles 1932. I ara, a Sapporo, era l'esquiador Schranz el que rebia quan ja era a la Vila Olímpica. L'austríac va declarar que, si les normes que promovien els responsables del Comitè Olímpic es portaven a l'extrem, els «Jocs serien una competició només per als molt rics». Apareixia, per tant, l'argument esgrimit a l'URSS revolucionària de vincular els Jocs amb la burgesia. Però a l'ull de l'huracà ara hi havia precisament l'esport soviètic. L'URSS va començar a ser el blanc de les crítiques, perquè es considerava que enviava als Jocs Olímpics esportistes professionals. Homes i dones que es podien dedicar al 100% a l'esport i que els ho pagaven, encara que oficialment figuressin com a treballadors del Ministeri de Defensa, el de l'Interior o de les fàbriques de les quals depenien les societats esportives. El que es posava en qüestió era el model esportiu del bloc soviètic.

El malestar que arrossegaven diverses delegacions va cristal·litzar a Sapporo. La selecció d'hoquei del Canadà va anunciar que no seria als Jocs. Des de l'any 1969 que no participava en competicions internacionals, perquè considerava que la Unió Soviètica competia de manera encoberta amb jugadors professionals. Els soviètics van seguir a la seva i van guanyar l'or en la final d'hoquei davant dels Estats Units. Un altre cop, van aconseguir més medalles que ningú. La mesura de com de difícils d'aconseguir eren les medalles la pot donar el fet que no va ser fins a Sapporo 1972 que Espanya es va estrenar al medaller hivernal amb l'or de Paquito Fernández Ochoa. I no hi ha hagut medalla olímpica catalana fins que Queralt Castellet no va cavalcar magistralment al *halfpipe* de Pequín el 2022. La seva representa la cinquena medalla per al Comitè Olímpic Espanyol en uns Jocs d'Hivern.

Els soviètics van tornar a assolir la proesa de manar al medaller d'hivern i d'estiu del 1976. Arribarien, per tant, amb la confiança màxima a uns Jocs molt especials per al Kremlin: els del 1980 a Moscou.

Moscou 1980

El bucle de Múkhina i l'espiral de la política

EL LLOC, LA SEU, ERA LA GRAN NOTÍCIA dels Jocs del 1980. Per primera vegada se celebrarien a la capital del món comunista. El Kremlin havia passat de blasmar-los a acollir-los orgullosament. El poder soviètic els va preparar a consciència i es va esmerçar perquè fossin grandiosos i, sobretot, que no hi hagués incidents ni protestes contra el règim. Però quan Leonid Bréjnev els va inaugurar a l'Estadi Lenin de Moscou, havien quedat ja deslluïts pel boicot encapçalat pels Estats Units. Com a resposta a la intervenció armada de Moscou a l'Afganistan, el president Jimmy Carter va aconseguir que seixanta-set països no viatgessin a la Unió Soviètica. La política internacional havia entrat en competició. La participació va ser de només vuitanta comitès olímpics (entre els quals hi havia l'espanyol, en un any clau per a Samaranch). No obstant això, l'URSS va meravellar amb una cerimònia inaugural espectacular. Una oportunitat per al poder soviètic de demostrar que era capaç de sincronitzar les masses com ningú. La successió de mosaics humans va ser notable.

Una de les esportistes que estava cridada a lluir més, Ielena Múkhina, no va poder desfilar. Era la successora de Kórbut i la gimnasta que havia d'arraconar el nom de la romanesa Nadia Comaneci. Als Jocs de la seva ciutat s'havia de coronar. Hi ha esports en què per tenir la glòria a l'abast cal acostar-se també temeràriament a la tragèdia. Poden arribar a conviure. Però, de vegades, una de les dues forces és superior. L'entrenador Mikhaïl Klimenko va decidir que serien els exercicis d'una dificultat màxima, un camí molt a prop de la tragèdia, el que acabaria conduint Múkhina a la glòria. I també a ell, perquè era l'única gimnasta del seu club que veia amb possibilitats d'arribar lluny. Era inclement. L'esportista havia tingut diverses lesions que exigien llit d'hospital i descans: commocions cerebrals, collarets al coll i ossos trencats. I el que li receptava Klimenko era tapís i entrenament. El campionat d'Europa del 1977 és la presentació de Múkhina en societat. Queda clar que Comaneci té ja una competidora seriosa. La russa és plata, per darrere de la romanesa en el campionat global, però guanya un or més que ella. I executa un d'aquells salts que vola més enllà dels límits coneguts i que incorporarà per sempre més un cognom: *el bucle de Múkhina*. Era literalment un *i encara més difícil* de circ, perquè representava afegir un grau de dificultat extra al salt de Kórbut. Després d'aquesta competició, la televisió soviètica filma el documental *Tu a la gimnàstica*. Graven una concentració de les noies de l'equip soviètic a Armènia, abans d'un campionat que tindrà lloc a Moscou. Tot i que tothom és conscient que les càmeres són allà, el grau d'exigència és extrem. Diverses de les esportistes, i són les millors del món, ploren en algun moment. Tenen al voltant de divuit anys, però n'aparenten deu o dotze. Els objectius capten una arenga de l'entrenador Klimenko a Múkhina. El to és suau. El contingut, no. I la cara de la gimnasta, un poema. Tots dos saben que els estan gravant.

KLIMENKO: T'estàs comportant de manera incorrecta, perquè l'element encara no està controlat. I cada dia, a cada entrenament, hi ha un moment en què passa el mateix. No tinc raó?

MÚKHINA: Sí.

KLIMENKO: Per què t'hi resisteixes de vegades? Per què t'encaparres i plores?

MÚKHINA: Perquè és dur.

KLIMENKO: Si és dur significa que pots suportar-ho. I tu plores. Nadia Comaneci va donar una lliçó el 1975 al Campionat d'Europa. Va sortir i va mostrar un exercici molt més contundent que el de les nostres gimnastes líders. I va guanyar. Quin és el teu programa, quin són els elements i què cal per completar-los?

MÚKHINA: S'han de depurar moltes coses.

KLIMENKO: Depurar moltes coses, sí. Mirem-nos les piruetes de Kórbut. Vas començar a entrenar-les fa dos anys i encara no tens la seguretat que vindràs i les faràs amb les cames ben estirades. De vegades, sí; de vegades, no. Als entrenaments ets massa indulgent amb tu. [...] No ploraràs més? O sí? Com serà sense llàgrimes?

MÚKHINA: No ho sé, de vegades em sento millor després de plorar.

KLIMENKO: Aleshores, si ajuda en el teu treball, planificarem les llàgrimes.

El documental acaba amb totes les gimnastes viatjant a una competició a Moscou. Ielena Múkhina queda primera.

L'any següent, el 1978, Múkhina arriba a dalt de tot, es proclama campiona del món. Acarona la glòria, però sap que la ronda la tragèdia. És la millor, però no la més feliç. Viu amb dolor i por. Els entrenaments són sessions de tortura. En una actuació es trenca la cama. I, de nou, arriben les presses per treure-li el guix i perquè torni al gimnàs, encara que sigui sobre una sola extremitat. Ella sent la pressió. S'acosten els Jocs Olímpics de Moscou i, en aquest estat de forma, no serà seleccionada. Decideix forçar encara més la màquina. El dolor és intens, però fa l'impossible per assolir la forma òptima. En l'última concentració, a Minsk, es disposa a entrenar sola. El preparador és fora un parell de dies. Sense ell, Múkhina prova el *Thomas salto*, una pirueta impossible a l'exercici de terra que no acaba dreta, sinó amagant el cap just abans d'aterrar i fent una tombarella. El salt requereix una velocitat prèvia i una altura en el moment exacte que el seu cos masegat ja no li pot proporcionar. Aterra de cap i es parteix la columna vertebral. Té vint anys i encara no ho sap, però ha quedat tetraplègica. Els Jocs i la glòria s'han allunyat definitivament d'ella. Ja només li queda la tragèdia i la mateixa persona que la va cuidar de petita: la seva àvia. Les autoritats, que a dues setmanes dels Jocs extremaven totes les cauteles, van mentir sobre el que havia passat i sobre la gravetat de l'accident. No volien escàndols. Múkhina va morir amb quaranta-sis anys, molt sola, allunyada de la fama que havia començat a acaronar.

L'efecte de jugar a casa combinat amb el boicot va tenir un resultat positiu per a la Unió Soviètica als Jocs del 1980. Va afegir una quantitat de medalles mai vista al comptador: 80 ors, 69 plates i 46 bronzes. 195 d'una sola tacada. Als Jocs següents, la situació va canviar. Els Estats Units eren els amfitrions i va ser la Unió Soviètica la que va al·legar raons de seguretat per no viatjar a Los Angeles. Els nord-americans van aconseguir 174 metalls, 83 d'or, 61 de plata i 30 de bronze.

Després de vuit anys de parèntesi, el 1988, les dues grans potències es van tornar a veure les cares amb victòria estiuenca i hivernal per a l'URSS. A Seül es va parlar més que mai de dòping amb el positiu del canadenc Ben Johnson, que havia guanyat el duel dels 100 llisos a Carl Lewis. I en tennis es va obrir la porta al fet que hi competissin esportistes professionals. Les coses començaven a canviar de cara a Barcelona i per al futur, perquè els millors esportistes, encara que cobressin bons sous, participessin en els Jocs. Però el canvi principal per al 1992 és que l'equip que havia manat al medaller en les darreres Olimpíades ja no competiria mai més amb la bandera de la Unió Soviètica. La Història tenia amagat un gir que encara no es podia intuir. A finals del 1991, l'URSS va deixar d'existir.

Mitja part

Preparats, llestos...

Les mitges parts són necessàries per reprendre l'activitat amb energia i, si cal, replantejar la tàctica. Aturar-se a descansar. A la vida de molta gent, aquest paper potser el tenen les vacances. Com m'agraden, a mi, els estius! No n'espero res més que el calc rutinari d'una sèrie de plaers minúsculs, ja coneguts, que intento que es repeteixin exactament de la mateixa manera la canícula següent. Podria viure tot l'any, tota la vida així. És estiu, miro al meu voltant i, si hi som tots els que hi hem de ser, sé que seré plenament feliç.

Una de les petites grans delícies, però, està escrit que només la podré assaborir cada quatre anys: escarxofar-me al sofà, amb un *tinto de verano* a la tauleta, i els atletes olímpics davant meu buscant la glòria dintre de la tele del menjador de l'Estartit. Jo relaxat, ells portant el cos més enllà del límit. Sé que altres mamífers persegueixen la migdiada perfecta amb el Tour de França. Jo, no obstant això, no ambiciono adormir-me. Empenyo amunt les parpelles per gaudir de l'espectacle.

L'estiu del 2021 estava en plena contemplació de la gimnàstica rítmica de Tòquio quan vaig adonar-me que quedava molt poc per al trentè aniversari dels Jocs de Barcelona. Tenia quinze anys quan es van celebrar i vaig ser al Palau Sant Jordi veient la gimnàstica esportiva masculina perquè la meva tieta, la Tessa, que tenia un gimnàs a Berga, em va regalar l'entrada. Qui va guanyar la competició que vaig presenciar en directe? No me'n recordava. No recordo mai res. Així que vaig desviar l'atenció de la pantalla gran de l'Estartit a la petita del meu mòbil. I va resultar que a Barcelona 92 havia assistit a una jornada històrica. Un tal Vitali Xerbo va guanyar sis ors en tres dies! Una de les tres jornades, no sé quina, jo ocupava una de les localitats del Sant Jordi. Pel nom, el gimnasta havia de ser rus o de la rodalia, em vaig dir. Però la pantalleta em mostrava una bandera olímpica i, en comptes del nom d'un país, el d'Equip Unificat. És clar! La Unió Soviètica s'havia desintegrat mig any abans dels Jocs de Barcelona. Sota aquesta denominació es van agrupar esportistes de dotze de les quinze exrepúbliques socialistes soviètiques. I quin resultat va obtenir aquest Equip Unificat? Segons el meu telèfon, quaranta-cinc ors! Va ser el millor. Segurament influït per la relació que tinc amb Rússia i Ucraïna després de set anys intensos fent de corresponsal a Moscou, les preguntes em van assaltar en bateria, però ara els interrogants eren d'aquella mena que no me'ls podia respondre la Viquipèdia. Calia investigar les respostes. Com van tenir esma de poder-se preparar tan bé amb el terratrèmol que havia patit el seu país? Com és que tenien tan bon nivell, malgrat tot? Pot ser que a molts ciutadans del nostre país els passi com a mi i no sàpiguen res d'aquell equip postsoviètic? I què se'n va fer, d'aquells campions olímpics? Com i on deuen viure ara?

Estava passant un d'aquells moments d'efervescència que suposen l'inici d'un gran reportatge, un documental o un llibre sense que ningú ni res pugui aturar-ho. Estava convençut que explicar la història d'aquests esportistes serviria no tan sols per parlar d'esport, sinó també de la vida en un bloc tan fascinant i polèmic com va ser l'URSS. A més, tenint en compte el moment en què van arribar a l'esplendor de les seves carreres, el 1992, si s'obrien a explicar-nos la seva trajectòria fins avui, ens ajudarien a comprendre un moment clau en la història contemporània: la transició del comunisme al capitalisme de la potència que va rivalitzar amb els Estats Units. El pas de l'*homo sovieticus* al ciutadà rus, bielorús, ucraïnès... o nord-americà. I també l'efecte que els anys de poder de Vladímir Putin hagin pogut tenir en les seves vides.

De seguida vaig trobar la complicitat de la meva dona, que és russa, la Gènia Teterina, i aquella mateixa nit, amb els Jocs de Tòquio ja en un segon pla, ens vam proposar buscar els esportistes més destacats que van guanyar l'or a Barcelona i que van formar part de l'Equip Unificat. Ens vam dividir la primera part de la feina. Els que visquessin fora del que va ser la Unió Soviètica intentaria localitzar-los jo i amb els que no havien emigrat hi contactaria ella amb el seu rus nadiu. Vam seleccionar els atletes que més havien brillat a Barcelona, procurant, a més, que hi hagués una representació àmplia de disciplines esportives i dels territoris que van formar part de l'URSS. En els casos de competicions d'equip, vam optar per parlar amb un dels integrants del grup. I, finalment, vam buscar també el més condecorat dels entrenadors per tenir un altre punt de vista important.

Amb més o menys dificultats, vam acabar trobant els esportistes que volíem. Excepte una persona que no va voler participar en aquest projecte, tots van acceptar parlar amb nosaltres, sense limitació de temps ni cap contrapartida. Han estat converses llargues. Amb la majoria dels que viuen a Rússia hem fet entrevistes presencials. Els esportistes que resideixen en altres països ens han atès per videoconferència o per telèfon.

Quan va esclatar la guerra a Ucraïna, el 24 de febrer del 2022, ja havíem fet totes les entrevistes amb els olímpics i, per aquest motiu, no apareix en els nostres relats el xoc d'aquest conflicte que ha enfrontat també atletes que a Barcelona 92 haurien remat en el mateix equip. Per omplir aquest buit, vam decidir afegir un epíleg, amb Jan Beleniuk, l'únic esportista ucraïnès que va guanyar una medalla d'or als últims Jocs, els de Tòquio.

La idea inicial era que el llibre comencés i acabés aquí. Amb les històries dels protagonistes de Barcelona 92. Però, com ja heu pogut notar, vam optar per endinsar-nos prèviament en la història de l'esport soviètic perquè s'entenguin millor les biografies del llibre. I, com observareu més endavant, ens embarcarem també en una pròrroga i una tanda de penals.

A continuació, el resultat de les nostres trobades amb els últims campions de l'URSS o, si ho preferiu, amb els primers medallistes d'una sèrie de països emancipats. La gesta oblidada de l'altre Dream Team. Preparats, llestos... VA!

Segona part

Barcelona 92: la darrera desfilada olímpica de l'URSS

El rei de Barcelona (i de l'univers)

Vitali Xerbo, gimnàstica artística

No estava prevista aquella parada, però quan van passar pel costat de La Reserva del Treball, Valentina Nikolàievna va preguntar al seu fill:

—Vols entrar a veure el gimnàs on entrena la mama, Vitàlik? Coneixeràs les meves amigues.

En Vitali va fer que sí amb el cap de la mateixa manera que hauria pogut fer que no: el seu camí estava traçat ja. Finalment, però, es va alegrar d'haver-hi accedit, perquè aquell espai amb matalassos, espatlleres i poltres li va semblar un parc d'atraccions. Mentre la mare parlava amb les excompanyes d'entrenament, ell es va llançar a l'aventura. L'entrenador de gimnàstica esportiva masculina no va poder evitar mirar-se'l i pensar el mateix que opinava tothom que en coneixia els progenitors: com pot ser que de dos campions de les acrobàcies, d'una mare i un pare amb el títol de Màster de l'esport de la Unió Soviètica, en resulti un nen tan fofo?

Alliè a aquests judicis cruels, en Vitali seguia corrent i saltant amunt i avall.

—Que t'ho passes bé? —va cridar la mare des de la divisòria de la sala que separava l'espai dels acròbates del dels gimnastes—. Potser t'agradaria venir a entrenar amb en Leonid?

Leonid Vidritski no va tenir temps d'arquejar les celles que el nen ja havia exclamat un *sí* inapel·lable.

—Vine cap aquí, va, que farem una prova. Quants anys tens?

—Set.

L'entrenador el va alçar fins a la barra palpant el que a parer seu —i a parer de qualsevol observador objectiu— eren un seguit d'agrupacions toves de carn. «Aquest nen està farcit de magdalenes, és tot ell un brioix», es va dir. «No sé si hi ha hagut mai ningú en aquest gimnàs, fins i tot sumant el personal de la recepció, amb un cul tan flonjo...» Però es trobava amb el compromís de fer la prova, la mare era una camarada.

—Va, ara intenta aixecar el cos fins a passar el cap per damunt de la barra.

A en Vitali li va semblar una petició molt lògica i la va obeir. Aquella primera dominada va ser tota una sorpresa per a l'entrenador, que comptava haver de socórrer-lo a mig recorregut.

—Va, una altra! Sense parar. Hop!

En Vitali hi va tornar. I en va afegir una més. Quan en portava tantes com els seus anys, set, l'entrenador ja no s'ho podia creure. Però és que encara en va afegir set més. I quan va arribar a fer la quinzena, va quedar establert un rècord infantil en aquell gimnàs, que, molts anys més tard, quan llançaren terra damunt del taüt de Leonid Vidritski, seguia imbatut.

Van passar els mesos i els dos entrenaments per setmana no donaven els resultats esperats, si és que algú confiava a convertir Vitali Xerbo en un dels millors gimnastes de Minsk. A ell li agradava jugar, però aquí volien que penqués. Com si no en tingués prou amb l'escola! Hi havia, a més, un fet que no passava desapercebut: cada vegada que tornava de passar les vacances amb els avis, a Ucraïna, el seu cos recuperava les formes ovalades naturals. La bàbuixka devia ser una gran cuinera i ell una màquina d'endrapar *blinis, blínxiquis, piroxkí* i qualsevol especialitat eslava que acumulés sucre. Entrava al gimnàs fet una bola.

No va ser fins a l'adolescència que van començar a treure el cap tímidament els gens del pare, l'atleta que havia embadalit el personal formant part de les piràmides humanes tan populars en aquells temps, i els d'una mare que havia traçat salts de trampolí espectaculars. L'any que va celebrar els catorze, el 1986, Vitali Xerbo va ser inscrit al Campionat Júnior de la Unió Soviètica. Val a dir que va rodolar un parell de cops per terra, però no seria just no deixar anotat que les seves acrobàcies no van desentonar. El resultat és que va estar a punt de quedar entre els vint primers. Ningú ho hauria dit set anys abans. No tenia el nivell per anar convocat amb l'equip nacional, però, si assumia ell els costos, podia fer unes sessions al centre d'alt rendiment de Moscou on es preparaven els millors gimnastes del país —o sigui, del món. I allà, Vitali Xerbo de seguida va arribar a una doble conclusió. La primera: que el tram que el separava d'aquells esportistes era enorme. La segona: que no veia cap exercici impossible d'executar si s'entrenava també amb la mateixa intensitat.

El 1987 es va penjar el bronze al Campionat Júnior de l'URSS. Aquella medalla va ser el passaport per ser un dels convocats de ple dret al centre d'Ozero Krugloe, el Llac Rodó, a 45 quilòmetres de Moscou. I com havia pronosticat, exercitant-se de la mateixa manera que ells, els va anar atrapant a tots. Al campionat següent va esdevenir el millor gimnasta juvenil de la Unió Soviètica. Un any abans del que li tocava per edat, ja formava part de l'equip nacional absolut. I això significava sacrifici. Amb disset anys, passava tres-cents dies per temporada concentrat en aquelles instal·lacions organitzades al voltant d'un llac a la capital de l'escenari més gran del món.

A la primera competició amb els sèniors, es va lesionar. Era lluny de casa, de Bielorússia, i, sense els tres entrenaments diaris, els dies es feien llargs. El pecat que cometien diversos companys a les hores mortes va passar a ser gairebé un hàbit per a Xerbo: fumar d'amagat. Ja havia apagat la cigarreta quan el massatgista de l'equip va entrar a l'habitació a una hora que no l'esperava. El fum, però, no s'havia apagat. Planava, delator, per la cambra. El massatgista va informar el seleccionador del crim que havia testimoniat. Així és com es precipitava cap a un final abrupte la sorprenent carrera esportiva de Vitali Benedíktovitx Xerbo. El seu currículum es podia escriure en mitja línia que no apareixeria enlloc: campió júnior. Va ser expulsat de l'equip nacional sense opció de retornar. El dia que començava una nova concentració, ell tornava cap a Minsk amb la lesió més dolorosa que havia tingut, encara que fos invisible. Estava desfet.

No era l'únic que patia amb aquella situació. A Nikolai Andriànov, l'entrenador que havia treballat amb Xerbo quan era júnior, aquell càstig tan estricte l'incomodava i va decidir trucar al seleccionador de l'equip absolut soviètic.

—Leonid Iàkovlevitx! Volia parlar amb vostè d'en Vitàlik. Crec que el noi té possibilitats de fer alguna cosa realment gran i esborrar-lo tan d'hora de manera definitiva...

—Nikolai Iefimóvitx, no soc jo qui l'he fet fora, s'ha expulsat ell mateix. I vostè sap que d'aspirants a campions no ens en falten.

—Ho sé, ho sé. Però crec que faríem bé de donar-li una nova oportunitat. Estic convençut que aquesta lliçó li ha quedat ben apresa...

Leonid Arkàev hi va accedir. A la seva manera. Vitali Xerbo competiria en la pròxima Spartakiada i només si quedava primer el tornaria a convocar. Ni tercer, ni segon. El primer. Se li havia de transmetre el missatge de manera clara. Només tindria una nova oportunitat si era el millor de manera rotunda.

Al jove Xerbo, que ja s'havia vist mort i enterrat, aquella proposta li va fer saltar el cor d'alegria. A la Spartakiada s'hi presentaven els gimnastes de diversos països de l'òrbita soviètica que ja havien superat l'etapa juvenil i que volien fer camí en la sènior. Per edat, era el lloc que li corresponia. I hi va actuar amb una fúria inusual. Va fer guanyar el seu equip, ell es va penjar l'or en la prova combinada i en quatre aparells. Sis ors! No obstant això, malgrat que havia marcat una diferència colossal amb la resta d'esportistes, la trucada del seleccionador no va arribar.

La següent concentració de l'equip nacional ja havia començat i en Xerbo estava molt decebut, perquè l'havien traït. Andriànov, el preparador que havia tingut de més jove, tampoc ho entenia. I el seu desconcert va augmentar quan va rebre una trucada, a primera hora del matí. Ara era Leonid Arkàev qui volia parlar amb ell, d'entrenador a entrenador.

—Anem d'estrelles o què? Com és que Vitali Xerbo no és aquí? Fa dos dies que entrenem. Estem jugant amb foc una altra vegada!

Al cap de poca estona, Xerbo llançava quatre coses a la maleta i sortia esperitat cap a la concentració. Va arribar-hi abans que acabés la sessió del vespre.

—Una passa una miqueta massa a l'esquerra o massa cap a la dreta i hem acabat per sempre, queda clar? —el va advertir Arkàev amb duresa.

El 1989, Vitali Xerbo va viatjar amb l'equip sènior com a substitut a Stuttgart. No hi competiria, però a l'avió estava emocionat. Mirava al seu voltant i ja se sentia part d'aquell gran equip.

Amb ells, a l'avió, hi viatjaven un parell de persones que no identificava. Eren agents del KGB. La seva missió era vigilar bé que ningú tingués la temptació de no tornar a l'URSS. Un cop passaven el control de passaports, els lliuraven tota la documentació per limitar els seus moviments. Era el seu primer viatge al món capitalista. En va quedar fascinat.

Les sortides següents ja van ser per competir. Sabia que formar part de l'equip soviètic de gimnàstica volia dir estar a la cúspide i, el 1990, al Campionat del Món, es va situar com a segon millor gimnasta. Li resultava molt estimulant, però aquells campionats a l'estranger tenien per a Xerbo i els seus companys d'escut una dimensió que difícilment podien captar els components d'altres delegacions. Pocs soviètics podien sortir del seu país. Viatjar era una de les moltes llibertats restringides per les autoritats. I si el destí els agradava més del compte i desertaven? O potser treien els draps bruts de l'URSS en territori forà... Per si de cas, prohibida l'aventura del turisme. En canvi, ells, els esportistes, formaven part de la selecta classe amb la possibilitat de veure què hi havia més enllà de l'únic món que coneixien, l'URSS. Cada cop que, com si executés una de les seves piruetes, Xerbo saltava per damunt del teló d'acer cap al món capitalista, quedava enlluernat. Que net i endreçat que estava tot! Qui s'encarregava d'organitzar tota aquella abundància de productes perquè cada mercaderia fes la sensació que ocupava el lloc que li corresponia? Aquell grup privilegiat d'esportistes soviètics que podia trepitjar món tenia, a més, la més màgica de les prebendes. Els entregaven divises per «a les seves despeses». Una fortuna per a Xerbo, que viatjava sempre amb menjar rus o bielorús suficient per no destinar ni un d'aquells dòlars a alimentar-se. No se'ls volia gastar, preferia invertir-los.

A la Unió Soviètica el problema no era només que la majoria de ciutadans no tenien prou diners per permetre's cap luxe. Encara que haguessin estat folrats de rubles, hi havia escassetat de productes. I, sobretot, de productes estrangers. Si fer cua hagués estat esport olímpic, tampoc ningú hauria pogut superar els soviètics. Es feia cua per a tot, i tothom estava en alguna llista d'espera. Hi ha un verb rus que s'utilitza molt en comptes de *comprar*. Perquè *comprar* és entregar els diners a canvi d'un bé de consum i aquí estem parlant d'un mecanisme molt més laberíntic. Достать, *dostat*, es pot traduir com *aconseguir* i el que hi ha darrere de la paraula és tot el procés i les connexions que calien establir perquè algú finalment et digués: «D'acord, tindràs el teu jersei». Per això, als pocs occidentals que aconseguien visitar la Unió Soviètica els cridava l'atenció que les botigues no tinguessin cartells vistosos, ni llums de colors. No els calien aparadors com a reclam. Era el món al revés, era el ciutadà qui, en cas de tenir els diners necessaris, feia mans i mànigues per intentar caçar el producte.

Aquest era el context que explica que Xerbo no tan sols arribés amb medalles de les competicions internacionals. Venia amb televisors, reproductors de vídeo i de música, cassets, roba de marca... La compra més sonada la va realitzar al Japó. Va tornar conduint un Toyota de segona mà, de sis anys d'antiguitat. En va pagar 1.200 dòlars i el va convertir en un personatge únic a Bielorússia, on gairebé ningú no havia vist passejar una màquina com aquella.

L'equip nacional estava concentrat a Moscou quan per les instal·lacions va anar circulant la notícia que s'havien quedat sense país. Que l'URSS no existia. A Vitali Xerbo, però, aquella bomba informativa no li va produir ni fred ni calor. Ja era el jove més prometedor de l'equip i només pensava en els Jocs de Barcelona. L'objectiu era guanyar més medalles que cap altre gimnasta. Si aconseguia tres ors i una plata o un bronze a la capital catalana, calculava que ja el podien batejar com el millor del moment. I creia que ho podia aconseguir. Si després alçaven la bandera de l'URSS, la bielorussa o qualsevol altra, no li treia el son. El que volia deixar ben emmarcat, el que l'identificava, era el seu nom i el cognom.

Amb el primer or que va aconseguir a Barcelona, el 29 de juliol, ja hi comptava. El d'equips. Perquè l'URSS, des de feia uns anys, dominava el món de la gimnàstica i havia avançat japonesos i xinesos. La plata hauria estat una patinada. El 31 de juliol, en la prova combinada de tots els elements, només un gimnasta va aconseguir passar dels 59 punts: Xerbo. El podi el van completar dos companys d'equip, Grigori Misiütin, argent, i Valeri Belenki, bronze. La potència de l'URSS enlluernava per última vegada.

Aquests dos ors els tenia previstos. Ara, el 2 d'agost, arribava l'hora que el dorsal 24 marqués la diferència en la competició individual, aparell per aparell.

Vitali Xerbo comença molt bé, amb un gran exercici a les barres paral·leles. I clava la sortida. Leonid Arkàev aixeca els braços, crida, somriu. Xerbo i Arkàev saben que poden tenir un altre or. I la puntuació, 9,900, els ho confirma. El primer lloc és per al bielorús.

Ja té els tres ors. No actua a la barra fixa perquè no s'ha classificat per a la final. Temps per concentrar-se en la victòria que Xerbo considera que té més garantida, la de l'exercici del terra. Quan la tingui al sac, ja podrà ser proclamat, sense discussió, el millor d'aquests Jocs. El xinès Li Xiaoshuang ha fet un triple mortal i el seu exercici ha estat premiat amb 9,925 punts. S'ha complicat, però Xerbo, que és l'últim dels finalistes a intervenir, no es deixa impressionar. Si fa el que toca, l'or ha de ser seu. Xerbo se situa a la cantonada del tapís. D'aquí a un minut i deu segons pot coronar-se com a número u. Aixeca els braços i mira al sostre del Palau Sant Jordi, al cel. S'embala per fer la primera diagonal. Executa una dobla pirueta amb planxa que té ben dominada, però, just quan aterra, comet un error majúscul! Estén la cama dreta més enllà de la línia blanca i el peu surt clarament del perímetre marcat. L'exercici acaba de començar i ja ha penalitzat amb una dècima. Com a màxim podrà tenir un 9,900. És una dècima que inclou, i ell ho sap, l'or, la plata i el bronze. El seu pla ha quedat arruïnat. Executa correctament la resta d'elements i el públic l'aplaudeix, però és inevitable pensar que, si ha deixat escapar aquesta medalla, potser el jove bielorús no està fi.

Xerbo també és l'últim a actuar en cavall amb arcs i, de nou, la puntuació que cal superar és alta, els 9,925 punts del coreà Pae Gil-su. El bielorús fa volar les cames com vol en els seus molinets i clava la sortida. Espera la puntuació. 9,925, empat! Hi haurà dos ors i un és per a Xerbo.

Ja és el gran triomfador de la competició quan s'acosta a les anelles, on és, de nou, el darrer a actuar. El xinès Jing Li ha efectuat una sortida rodona de màxima dificultat i li valoren l'exercici amb un 9,875. Xerbo es col·loca sota dels cèrcols metàl·lics. Arkàev l'agafa per la cintura i l'ajuda a penjar-s'hi. Quan s'atura el balanceig, l'entrenador s'aparta i Xerbo fa els primers moviments fins a marcar un crist dorsal. Els braços perfectament estesos, menys musculats que els de molts rivals. La figura és preciosa i el seu rostre no mostra ni dolor, ni patiment, només concentració. Continua endavant fins que arriba el moment més espectacular, el que el distingeix de la resta: fa una ics amb les mans i creua els cables ràpidament, fa una volta i obre els braços per tornar a deixar els cables en paral·lel abans de parar-se un segon en vertical. Prepara les últimes voltes. «I ara, si clava la sortida, cosa que ha fet, serà or! Doble en planxa amb pirueta. Puntuació per a Xerbo: 9,937», canta la retransmissió de Xavier Andreu a TV3. Vitali Xerbo alça la mà dreta per saludar el Palau Sant Jordi, que l'aplaudeix.

Ja és el rei de la gimnàstica. I encara té una opció més de medalla, en el poltre. Saltaran dues vegades i qui obtingui la puntuació mitjana més alta guanyarà. Xerbo és el quart a competir. Els tres primers gimnastes no han aterrat bé algun dels seus salts. El primer de Xerbo és molt bo. 9,825. I el segon, una meravella. 9,887 punts. De mitjana, 9,856. S'abraça a Leonid Arkàev. El públic l'ovaciona. Ha de tornar a saludar. Perquè està fent història. De moment, té l'or. Queden encara tres saltadors. És només qüestió de minuts abans de comprovar que cap efectuarà millors piruetes. En una jornada de competició, Vitali Xerbo s'ha endut quatre medalles d'or. Abans només un gimnasta havia aconseguit quatre ors en uns Jocs: Nikolai Andriànov, l'entrenador que va convèncer Arkàev perquè donés una nova oportunitat a aquell gimnasta que havien enxampat fumant. Andriànov va ser el millor en quatre proves a Montreal 1976. Ara, el que havia estat el seu alumne júnior l'ha igualat en un sol dia. En el conjunt de la competició, l'ha superat. Sis medalles d'or de vuit possibles. I havia entregat incomprensiblement la setena, la de terra, amb una passa en fals. Tot i així, aquell era un resultat històric. Cap altre gimnasta havia fet uns Jocs tan brillants. I, fins a aquell moment, només el nedador Mark Spitz havia aconseguit una medalla daurada més d'una tacada. Barcelona 92 ja tenia la seva estrella i no era Carl Lewis, ni Michael Jordan. Era aquell bielorús musculat de vint anys que havia enamorat el Palau Sant Jordi amb el seu posat tranquil. Vitali Xerbo no podia ser més feliç.

La vida continuava després de Barcelona. Però no de la mateixa manera. A Bielorússia van confluir dos moviments sísmics: el desconcert de canvis accelerats que vivien les ara ja exrepúbliques soviètiques i el sotrac que suposaven les sis medalles d'or. En un moment d'escassetat i pobresa generalitzada, a Xerbo li van entregar un bon cotxe i un apartament gran a Minsk. Però allò no era res comparat amb les ofertes que li arribaven de l'estranger. En pocs mesos, va fer quinze gales en ciutats dels Estats Units. Per cadascuna d'aquelles exhibicions li entregaven més diners dels que faria en anys de feina a Bielorússia. Tothom volia veure actuar de prop aquell prodigi i li van fer una oferta que ell no hauria sabut somniar. Al campus Woodward de Pennsilvània li proposaven un bon contracte perquè els joves gimnastes que hi entrenaven el veiessin per aquelles instal·lacions. Com que la seva dona Irinia estava embarassada de més de sis mesos, també li van pagar tot el que calia perquè la seva primera filla naixés al cor del capitalisme. I al cap de poques setmanes ja els havien entregat un premi gairebé tan buscat com un metall olímpic: la Green Card que dona dret a poder treballar als Estat Units.

Malgrat totes aquestes comoditats, un cop va néixer la nena, els Xerbo van mantenir la seva residència a Bielorússia. En Vitali estava convençut que si volia seguir fent història olímpica s'havia d'entrenar al que havia estat la Unió Soviètica i el seu camí fins a l'Atlanta 96 passava per Minsk. Ja hi hauria temps de mudar-se a Occident. Sovint s'acomiadava de la dona i la nena i marxava a actuar als Estats Units o a competir on toqués. Fins que la situació es va tornar insostenible. Els anys noranta van trasbalsar Moscou, Minsk i moltes ciutats que durant els anys soviètics havien viscut sota unes regles comunistes que podien agradar més o menys, però que eren clares i previsibles. Després de setanta anys d'aquell règim vital, tot allò s'havia enfonsat i els havien llançat sense instruccions ni cinturons de seguretat a una jungla capitalista.

La Nobel de literatura Svetlana Alekseiévitx —bielorussa com Xerbo— escriu a *Temps de segona mà. La fi de l'home roig* el desconcert que vivien molts ciutadans quan va desaparèixer el paraigua de l'URSS. Se sentien orfes: «He buscat persones que s'havien adherit totalment a l'ideal, que s'hi havien integrat tant que era impossible de deslligar-los-en: l'Estat va esdevenir el seu univers, els ho substituïa tot, fins i tot la seva pròpia vida».

Tothom a Minsk sabia que a la casa de l'hexacampió olímpic hi havia abundància de productes i objectes d'importació nord-americans. Qui volgués mercaderia per vendre al mercat negre no trobaria un millor basar que la casa dels Xerbo. Patien constantment per si es trobarien els lladres a dins i per si serien violents. El cotxe els el van robar tres vegades. La gota que va fer vessar el got va ser un dia que la dona passejava amb la Cristina, petitoneta, al cotxet, i un grup de nois va calcular sense ànims de dissimular-ho quants diners en traurien si els prenguessin aquella roba a la mare i el bebè. No les van atacar, però la Irina es va aterrir. No podien seguir vivint amb tanta angoixa. L'any 1993 els Xerbo van avançar la mudança i es van instal·lar als Estats Units. La preparació per a Atlanta, però, la faria a Bielorússia.

El camí traçat es va torçar. Els dies d'alcohol i insomni a la Unitat de Cures Intensives al costat de la Irina, amb el pronòstic que no se'n sortiria, li van fer perdre la forma. La seva dona havia tingut un accident de cotxe terrible el desembre del 1995. Va començar l'any olímpic fet un desastre i va arribar amb una preparació del tot insuficient als Jocs. A la combinada, es va endur el bronze. La majoria d'atletes ho haurien celebrat, tenint en compte l'any que havia passat Xerbo. Ell, però, creia que en condicions òptimes hauria aspirat a un material més preciós. Si a Barcelona havia batut un dels rècords del seu estimat entrenador, ara es feia evident que no el superaria en el còmput global d'Olimpíades. Nikolai Andriànov havia sumat quinze medalles al llarg de la seva carrera.

El 1997 es veia capaç encara d'obtenir un bon resultat en un parell d'aparells al Campionat del Món, però, després de trencar-se diversos ossos de la mà, ja no va recuperar la forma i ho va deixar córrer. Lesionat, es va adonar que, sense fer exhibicions ni competir, havia de reinventar-se si volia sobreviure.

En l'actualitat, viu a Las Vegas, on ha posat en marxa el seu gimnàs. Hi entrena nois amb les mateixes tècniques que va aprendre a la Unió Soviètica: «És l'únic sistema que conec i el millor que hi ha». Del seu centre esportiu, ja n'han sortit tres campions nacionals, però no hi veu cap Xerbo. No creu que els Estats Units siguin el lloc ideal per forjar medallistes, perquè «és el país dels somnis, i els pares volen un tipus de vida per als seus fills que no encaixa amb aquest esport tan dur». La majoria aspiren a obtenir la beca per a la universitat a través de l'esport i, després, tot es complica.

Respon amb molta seguretat per què l'Equip Unificat va ser el millor a Barcelona: «Vam guanyar perquè érem l'equip de la Unió Soviètica. En gimnàstica, abans guanyaven els japonesos; però, a partir dels setanta, sempre nosaltres. Érem els millors del món per diversos motius. En primer lloc, perquè érem quinze[8] repúbliques amb molts gimnasos on s'intentava preparar bé els esportistes. En segon lloc, el sistema abocava molts recursos a l'esport en general. Se'ns proveïa de tot el que es necessita per entrenar bé. I l'esport havia passat a ser crucial per a les autoritats de l'URSS. I finalment, els equips d'entrenadors eren extraordinaris. Hi havia una filosofia d'entrenar al bloc comunista que era molt bona i, de fet, quan va caure l'URSS, aquella escola d'entrenadors va millorar el nivell a tot el món quan van començar a ser contractats en països capitalistes». És cert que el

8. L'URSS estava formada per quinze repúbliques, però només dotze van formar part de l'Equip Unificat a Barcelona 92.

recorregut cap a Occident de Xerbo el van traçar també molts esportistes i entrenadors soviètics als anys noranta que van contribuir a augmentar el nivell de molts països occidentals i, al mateix temps, va suposar que l'òrbita russa perdés múscul.

Amb Vitali Xerbo hem mantingut dues videoconferències llargues. A la cara de Xerbo hi han tornat les galtes bombades. Crec que hi afloren el rostre i l'actitud d'aquell nen que tenia sobrepès. Entre resposta i resposta, fa una calada a la cigarreta, ara sense jugar-s'hi el futur, perquè el va deixar ben escrit a Barcelona. Depenent de la pregunta, utilitza un to desenfadat i contundent que em transporta també a una altra de les seves anècdotes, de quan ja havia deixat les competicions. Caminava per una de les voreres dels Estats Units amb la sensació de llibertat que tenia en aquest país multiplicada per la ingesta d'unes copes quan el va aturar la policia. Quan li van preguntar si tot estava correcte, va respondre que sí, que estava perfectament sobri. L'alè, però, el contradeia i així l'hi va fer notar l'agent. Xerbo li va respondre que només havia begut una cervesa.

—Observi! —va exclamar. I tot seguit va fer un mortal enrere que encara hauria puntuat alt en competició—. Vostè creu que algú begut saltaria així?

Va acabar emmanillat i al calabós.

Xerbo té passaport bielorús i nord-americà i assegura que fa deu anys que no viatja a Minsk. Fa la sensació que és ianqui de cap a peus.

—Quant creus que trigarem a veure un altre gimnasta que aconsegueixi sis ors en uns Jocs Olímpics?

—No ho tornarem a veure. Les normes han canviat i la competició promou ara grans especialistes en un aparell. És impossible que ningú obtingui més de tres ors. Ni tan sols el japonès Kohei Uchimura, que, per a mi, és, sens dubte, el millor de tots els temps.

—Potser Uchimura és el millor. Però si ens preguntem quin ha estat el gimnasta més complet en la història dels Jocs, la resposta és Vitali Xerbo?

—Això sí que ho pots dir —rebla des del seu porxo de Las Vegas. Somriu, i fa una calada fonda a la cigarreta, abandonant-se a plaer del seu segon somni. Si el primer va ser l'olímpic, ara està fent realitat el somni americà.

L'home de les quatre-centes medalles

Leonid Arkàev, entrenador de gimnàstica artística

Tenia només tres anys quan el foc enemic va diluir en cendra la figura paterna al camp de batalla de la Segona Guerra Mundial. Com en tantes famílies soviètiques, la mare va assumir tots els papers de l'auca. Anastasia Petrovna vetllava per apagar les flames domèstiques i també les laborals. Era la màxima responsable de prevenció d'incendis d'una planta química de la regió de Moscou.

Gràcies a la feina de la mare els havien entregat una estança en una *Kommunalka*. Eren habitatges comunitaris que ajuntaven en un mateix pis diverses unitats familiars que compartien cuina, els serveis, confidències i els retrets del frec a frec diari. Milions de soviètics van establir-se en aquests eixams que creaven microcosmos singulars. De vegades, en un conjunt d'edificis s'agrupaven sobretot treballadors d'un mateix ram i en els de Leonid Arkàev predominaven els científics. Aquells blocs servien també de parets d'un gran poliesportiu, perquè els veïns disposaven d'una zona amb pistes de tennis, de voleibol i un camp de futbol. El fred de l'hivern hi sumava una pista de patinatge sobre gel. Arkàev va créixer observant com tot de setciències estimulaven neurones i músculs durant els descansos, cada migdia. I va detectar que s'establia una jerarquia que responia a unes fórmules químiques que poc tenien a veure amb la recerca. Al podi de l'enorme pati interior del seu bloc hi havia simplement el més fort. Qui feia més flexions, qui llançava el pes més enllà, qui millor jugava, era l'amo. La condició física definia l'estatus. I va arribar el dia en què va decidir deixar de ser un espectador i sortir a lluitar per fer-se un lloc en aquella jungla.

La seva primera experiència com a patinador va ser horrible. Hi va renunciar de pressa i congelat. Les acrobàcies van ser un altre calvari perquè ja al primer entrenament li van fer provar, tant sí com no, un salt amb pirueta aterridor. Els somnis esportius d'en Leonid li duraven quatre cites, com aquells enamoraments que assoleixen dimensions gegantines a còpia d'imaginacions estimulades per contactes superficials i que, tan bon punt es concreten en una cosa més profunda, exploten com un globus. El fet és que aquell foc que cremava dintre seu l'havia empaitat en la mala direcció. Era a dintre de casa que tenia la sortida.

En una de les cambres de la *Kommunalka* d'Arkàev hi vivia la tieta Dúsia. *Tieta* era una manera de parlar, perquè no hi havia vincle de sang. Però mantenia amb la mare la relació més estreta que es podia tenir en aquell context: la d'amiga de cuina. La *tieta* era la germana de Iekaterina Kalintxuk, campiona olímpica dels Jocs de Hèlsinki. A més, Kalintxuk estava casada amb un entrenador de gimnàstica. Amb aquest arbre genealògic, la Dúsia es va convertir en la veïna més interessant per a en Leonid, que va assetjar la seva mare fins que la va convèncer perquè li demanés si podia assistir a algun entrenament de Iekaterina Kalintxuk i el seu marit. La mare també va apagar aquell incendi. Va ser així com el veïnatge en comuna va introduir Leonid Arkàev, a l'edat de dotze anys, en el món de la gimnàstica esportiva.

Arkàev era un noi esfilagarsat i els entrenaments no van canviar de manera ostensible el motlle de la seva musculatura. Conscient d'aquesta debilitat, va anar adquirint una tècnica extremament depurada i va desenvolupar una astúcia felina. Només així aconseguia executar els exercicis que li manava l'entrenador. Malgrat aquesta qualitat destacable, el seu palmarès final com a gimnasta no va passar d'un viatge en qualitat de reserva al Campionat del Món de Dortmund, el 1966. En la seva següent vida professional, però, es va convertir en la fàbrica de medalles més eficient del planeta.

Leonid Arkàev fa vuitanta-un anys que respira. Avui observo que ho fa amb una mica de dificultat. La seva veu, cansada, aparenta l'edat que té. Les frases se li fan llargues i s'esforça per conduir-les fins al final. Va ser la seva filla qui, dies enrere, li va explicar que un periodista de Barcelona volia fer-li unes preguntes. Ell, disposat, va triar un dia i una hora que és ara.

—Quantes medalles ha guanyat al llarg de la seva carrera?

—Oh... moltes! —diu rialler—. Sap? Tinc preparada una llibreta on figuren només les que vaig aconseguir en Campionats del Món. L'obro. A veure... 53 medalles d'or, 49 medalles de plata i 30 de bronze.

—M'impressiona! I medalles olímpiques?

—Bé, si compten les actuacions individuals, 23 medalles. I si hi incloem les actuacions d'equip, n'hi hem d'afegir 24 més.

La suma és de 132 medalles als Campionats del Món i 47 als Jocs Olímpics. M'adverteix, però, que la collita més granada és la dels europeus. En resum, en competicions internacionals acumula més de 400 medalles.

—Sap si hi ha cap entrenador que hagi obtingut tantes victòries olímpiques?

—Possiblement no. Però vaig ser l'entrenador principal durant trenta-dos anys, des del 1973 fins al 2004. Molt de temps.

—Quin era el seu mètode? No es guardi el secret de l'èxit.

—El meu mètode era l'escola soviètica de gimnàstica; en principi, no vaig introduir res de nou. Posàvem al mateix nivell l'esforç i la tècnica. I una de les nostres característiques és que sempre, a les concentracions de la selecció nacional, fèiem venir cada gimnasta amb els seus entrenadors habituals. Nosaltres aplicàvem els mètodes més avançats i d'aquesta manera els aprenien tant l'esportista com el seu preparador. Els entrenadors prosseguien la feina a les seves ciutats i es convertien també en missioners de la nostra escola soviètica de gimnàstica.

—La seva etapa com a esportista, com el va ajudar a ser millor entrenador?

—Miri, jo sempre estava buscant alternatives. I en aquella època la gimnàstica mundial la dominaven els japonesos. Així que vaig crear un arxiu exhaustiu per a cadascun dels seus gimnastes. Descrivia els elements que exercitaven i la seva posició als Campionats del Món i als Jocs Olímpics. Els estudiava amb detall i, a la vegada, sabia els límits que tenien, el que no eren capaços de fer. Aleshores vaig crear programes molt més complicats que els dels japonesos per als meus gimnastes.

—Explicat així, sembla fàcil, però segur que no ho és. Quan m'imagino els entrenaments, penso en la primera vegada que el gimnasta ha de provar determinades piruetes, com vostè al pati del bloc on vivia. Ha de fer molta por, oi?

—Cal treballar amb molta intensitat per aconseguir que les anomenades *actuacions impossibles* semblin senzilles. Com que sabia el que volia aconseguir que fessin, sabia com havien d'estar preparats físicament els meus esportistes.

—Quins són els millors gimnastes que ha preparat i els elements més impressionants que els ha vist fer?

—Els meus herois són Nikolai Andriànov en categoria masculina i Svetlana Khórkina en la femenina. Sempre buscaven alguna cosa nova i la trobaven. Però si m'he de quedar amb una figura, diria que el que més em va impressionar va ser Aleksandr Tkatxiov. Va aconseguir desfer-se de la barra volant enrere i tornar-s'hi a agafar. Ara l'element que porta el seu nom el fan gimnastes de tot el món.

—Com el va gestar?

—El va crear ell mateix! A l'equip hi havia un gimnasta de l'Uzbekistan que l'estava entrenant. Tkatxiov ho va provar amb el seu entrenador i se'n va sortir de seguida. Quan va arribar a entrenar amb mi, ja havia creat el *Tkatxiov*.

—Suposo que també s'ha trobat amb esportistes reticents a arriscar...

—En aquests casos era molt incòmode i havia de fer-ho notar tant als gimnastes com als seus entrenadors, però no m'agradaria parlar-ne.

—Vitali Xerbo em va donar records per a vostè!

—Moltes gràcies!

—El rei de Barcelona! Esperava que guanyés sis ors?

—No, no m'ho esperava pas. Li diré l'equip que teníem als Jocs del 92: Xerbo, Misiütin, Bélenki, Korobtxinski, Voropàiev i Xaripov. I jo em pensava que Misiütin seria el seu rival més important i que li complicaria les coses. Però en Vitali va tenir el mèrit de treure el coratge en els moments precisos.

—Recorda l'episodi de la cigarreta?

—Ui, vaig tenir moltes històries com aquella i s'aplicaven mesures disciplinàries temporals. I li puc dir que Xerbo és un xicot que de seguida salta i per això vam haver de dedicar-li molta atenció. No li podia treure l'ull de sobre. Però tenia un talent fora de mida i era llest. Va canviar d'actitud just a temps. Va merèixer ser a l'equip nacional de gimnàstica i va fer una actuació brillant.

—Les actuacions dels atletes que vostè entrenava eren tan espectaculars que li van encarregar que es fes càrrec també de l'equip femení.

—Sí, als Jocs d'Atlanta jo era el primer entrenador dels homes i de les dones.

—Després dels Jocs de Barcelona, va obtenir bons resultats, però ja no van ser tan espectaculars. Què va passar?

—És normal perquè, per exemple, Xerbo competia per Bielorússia, Korobtxinski i Misiütin per Ucraïna. A Rússia és veritat que va aparèixer Némov, un gimnasta increïble. Sempre teníem algú per ocupar els forats. Però la fortalesa de l'equip es va dispersar.

—Quan va deixar de ser l'entrenador?

—Després de fracassar als Jocs d'Atenes. Estava cansat, sempre sota pressió. I vaig cometre errors.

—Quins?

—Vaig ser massa suau amb els gimnastes, vaig deixar de ser tan estricte a la feina. No parlo de crueltat o brutalitat, sinó de disciplina i mà dura. La Federació no va perdonar-me aquell fracàs.

—En els esports olímpics, el rostre de la victòria és gairebé sempre el de l'esportista. El llorer no arriba a l'entrenador...

—Crec que no és just. I sap què? És bastant rar que d'un esportista brillant en resulti un bon entrenador. En gimnàstica només Nikolai Andriànov[9] ho va aconseguir. El problema és que diuen: «Fes-ho com jo!». I no és un bon sistema. Els mètodes avancen i per això cal un entrenador que els conegui i pro-

9. És l'entrenador que havia preparat Vitali Xerbo quan era júnior.

voqui l'esportista. L'esportista serà una derivada d'aquesta feina.

—En un esport tan tècnic com la gimnàstica artística, quin percentatge de la medalla que es penja l'atleta correspon a l'entrenador?

—Guanya qui té el mètode d'entrenament més avançat. Jo diria que el 50% de la medalla és gràcies a l'entrenador.

Segons aquesta fórmula que acabem de convenir, li correspondrien vint-i-tres medalles olímpiques i mitja! Només Michael Phelps ho supera. A Barcelona els seus gimnastes es van emportar dotze medalles amb la deessa de la victòria esculpida per Xavier Corberó a la cara i l'emblema dels Jocs de Josep Maria Trias a la creu. El seu talent com a preparador és inqüestionable. Però la vida és plena de recorreguts atzarosos. Quantes medalles s'hauria perdut si la seva mare no hagués tingut com a amiga íntima d'un pis comunitari la *tieta* Dúsia?

La lesió més dolorosa

Rozalia Galieva, gimnàstica artística

Hi havia, sens dubte, feines més impressionants que la de la seva mare i molt més distingides. Però, si parlem de beneficis directes, que treballés a la planta de llet era tot un luxe: en aquella llar d'Olmaliq, a l'Uzbekistan, no hi faltaven mai els productes làctics amb menció especial, és clar, per als gelats. La feina del pare, en canvi, conductor d'una màquina amb un braç molt llarg amb una plataforma per fer feines d'altura, no es materialitzava de manera tan saborosa. El cas és que va ser ell qui la va dirigir fins al seu destí professional. El pare era un gran esportista de sofà, un espectador avançat de les transmissions. I un bon dia, davant del televisor, meravellat per una actuació de la gimnasta Maria Filatova, va dir a la petita Rozalia:

—Vull que siguis com ella! Hem de buscar un gimnàs per a tu.

La filla va trigar molt a poder-li agrair aquell rampell. Perquè la primera escena que va presenciar quan va entrar al gimnàs no prometia grans dosis de plaer: hi havia tot de nenes fent estiraments al límit, amb rostres que expressaven dolor o que, directament, tenien obertes de bat a bat les comportes de les glàndules lacrimals. Rozalia Galieva tenia sis anys. Encara no era conscient de com de precàries eren les condicions en aquella sala, on els matalassos esportius eren matalassos de llit vells, una fusta mal tallada feia de barra d'equilibris i les línies de la pista acrobàtica quedaven marcades per uns esquís de fons atrotinats. Però, si el primer impuls va ser el de portar la contrària al pare, no va ser per aquestes mancances, que no tenia capacitat per jutjar. El que sí que ja entenia era el llenguatge de les llàgrimes de les seves coetànies. La seva resistència inicial, però, va ser inútil. La inèrcia patriarcal ho va vèncer tot i va començar les classes de gimnàstica. I això sí que ho tenia la Rozalia: era aplicada i tossuda. I si l'entrenadora manava un exercici, ella no abaixava els braços fins que el tenia assolit. No comptava les classes per hores, sinó per la feina feta i, si calia, la continuava a casa. D'aquesta manera, sense passió, però sense deixar-se portar per la desídia, va anar progressant fins a arribar a competir amb el TurkVO, el club de l'exèrcit, l'equivalent uzbek del CSKA. De seguida la van convocar a la selecció de l'Uzbekistan i posteriorment, quan va fer tretze anys, a l'equip de l'URSS. Es va estrenar al Campionat d'Europa Júnior.

El primer cop que va ser convocada amb la selecció absoluta va ser per al Mundial d'Indianapolis del 1991. I això equivalia a penjar-se l'or per equips. Es podia entendre també com el seu bitllet per a Barcelona 1992. En aquest esport el temps volava encara més de pressa. Amb quinze anys, competiria als Jocs. Abans, això sí, calia passar una temporada molt intensa a «la nostra presó», com havia sentit dir a aquell bielorús entremaliat, Vitali Xerbo. Compartien instal·lacions al voltant del llac a prop de Moscou.

La preparació gairebé encavalcada del Mundial i dels Jocs del 92 se li va fer duríssima. Els entrenadors adaptaven els elements a cadascuna de les gimnastes, tot potenciant el que s'ajustava millor a les característiques de cada noia, però l'exigència era màxima. Si hagués pogut escollir un aparell s'hauria quedat amb la barra d'equilibris i hauria descartat les paral·leles, perquè tenia les mans molt petites i patia per agafar-se bé. Però no hi havia tria. Calia fer-ho tot a un nivell estratosfèric, representaven l'URSS (o com s'acabés dient el seu equip el 92).

El calvari tenia una recompensa avançada: la medalla d'or per equips era una qüestió simplement de dies. Tenia la certesa que la guanyarien, i això, pocs esportistes ho podien sentir. Amb tot, hi havia dues competicions en joc. Una per equips, en què, com sabem, només s'esperava la victòria. I l'altra, la lluita individual, que es preveia més oberta. L'equip soviètic —ja no era soviètic, però així s'entenien entre elles— tenia una figura consolidada, Svetlana Boguinskaia, la bielorussa que a Seül havia col·leccionat dos ors, una plata i un bronze. I portava també una estrella emergent, Tatiana Gutsu, la ucraïnesa que havia arrasat al Campionat d'Europa que s'acabava de disputar.

Per fi va arribar el dia de convertir les previsions en encerts o errors. El 28 de juliol, al Palau Sant Jordi, es va confirmar que l'Equip Unificat —aquest va ser finalment el nom, malgrat que les gimnastes lluïen al pit del mallot la falç i el martell de tota la vida—, format per Boguinskaia, Galieva, Grudneva, Gutsu, Lissenko i Txusovitina, es va proclamar campió olímpic.

A la final individual, hi accedien les trenta-sis millors gimnastes d'aquestes proves, però amb un topall de tres per país. I aquí és on va saltar la sorpresa. Tatiana Gutsu va patir un revés inesperat. En l'entrada a la barra d'equilibris, va arriscar amb una rondada amb planxa d'una cama. Això volia dir començar amb un salt d'esquena de dificultat màxima i perdre, per tant, la referència visual amb la barra i plantar-se a dalt sense utilitzar les mans, com si el cap quedés suspès a l'aire. Ho tenia ben entrenat, però Gutsu va perdre l'equilibri i va caure a terra. Això li va restar molts punts. En canvi, Rozalia Galieva va ser molt regular en tots els aparells i va estar al seu nivell màxim.

Semblava impossible, però el trio que seria a la final individual de l'Equip Unificat estava format per Boguinskaia, Lissenko i Galieva. Tutsu havia acabat novena a la general, havia estat igualment una de les millors, molt més bé que la majoria de les trenta-sis finalistes. Però la menuda uzbeka havia estat encara més fina. Estava molt emocionada. Tenint en compte l'error d'una de les favorites, si ella no hagués fet una actuació tan bona potser se'ls hauria escapat l'or en equips. I el tenien. Les romaneses i les americanes completaven el podi. Galieva seguia amb opcions d'alguna medalla més en la competició individual, perquè se sentia en estat de gràcia. Eren els seus Jocs somniats.

El cos tècnic de l'Equip Unificat va decidir, però, canviar el destí d'aquella final individual. Van demanar a la Rozalia que es tanqués a l'habitació de la Vila Olímpica del front marítim. Tenia una lesió al genoll que feia que fos impossible competir dos dies després, això és el que dirien. Podia descansar, estava lliure. La següent en la classificació era Tatiana Gutsu i ocuparia el seu lloc. No hi havia res a discutir. La decisió estava presa. L'entrenador, Aleksandr Aleksàndrov, finalment, la va voler consolar:

—En cas que la Tatiana guanyi, compartirà els diners que rebrà amb tu, te n'entregarà el 50% —li va dir.

Però no hi havia res que la pogués compensar. Aquella nena de quinze anys estava desfeta. La notícia va córrer entre els entrenadors i les gimnastes: Galieva s'havia lesionat. No seria a la final completa individual del 30 de juliol. Mai una lesió —aquesta era ben fictícia— li havia fet tant de mal.

Aquest afer tan incòmode no va passar factura a Tatiana Gutsu. A la final, va clavar l'entrada a la barra amb el mateix element que l'havia enfonsat dos dies abans. La sortida encara va ser més espectacular. Semblava imparable. A les paral·leles va brillar. Al terra, va tenir un petit desajust en l'aterratge de la primera diagonal, però la resta de l'exercici va ser antològic. En el salt de poltre, va assegurar. I va calcular bé. En la suma de les quatre proves, va aconseguir més punts que ningú. Es va penjar la medalla d'or, per davant de l'americana, Shannon Miller, i de la romanesa, Lavinia Corina Milosovici.

Quan guanyava l'equip unificat, s'alçava la bandera olímpica. Però s'havia acordat que, quan el triomf fos individual, s'hissaria la del país de l'esportista. I, ara, al Sant Jordi, la bandera i l'himne d'Ucraïna s'estrenen en uns Jocs. Tatiana Gutsu, nascuda a Odessa, és la primera esportista a aconseguir l'or olímpic per al seu país, que s'acaba d'independitzar de l'URSS. Galieva ho segueix tot des de la distància. L'entrenador Aleksandr Aleksàndrov respira tranquil. «La decisió que hem pres», pensa, «és la correcta. Veníem a guanyar l'or i tornem amb l'or.»

Tatiana Gutsu ara viu als Estats Units, on entrena gimnastes. Hem parlat per telèfon dues vegades, però ha acabat declinant una entrevista. Rozalia Galieva, en canvi, sí que hi accedeix. Viu a Moscou, i ens citem al bar del complex esportiu on prepara físicament els nens que juguen en un equip d'hoquei gel. M'ha advertit que no vol entrar a fons en la polèmica amb Gutsu, amb qui no ha parlat mai més des de Barcelona. Però ja hem repassat tota la seva trajectòria i ha arribat el moment.

—Què creus que hauria passat si haguessis estat tu la gimnasta que hagués competit en la final individual?

—Crec que qualsevol de les noies del nostre equip hauria pogut guanyar. Érem igual de fortes. Cadascuna tenia els seus punts positius. L'una tenia més gràcia en els moviments; l'altra era més flexible o n'hi havia amb més potència, capaces de fer elements molt complicats. Cadascuna de nosaltres mereixia ser campiona. No haurien d'haver retirat el dret de competir a ningú.

—I suposo que el més dolorós era ser conscient que es tractava d'uns Jocs, en què ja saps que no hi haurà una nova oportunitat abans de quatre anys...

—Sí, però què podia fer? La decisió no era meva i no podia dir a l'entrenador: és ara o mai! No funciona així. Ell pren les decisions. I hem de respectar-ho. De fet, al final, va fer el correcte, li va funcionar.

—Després vas seguir competint, però us van canviar l'entrenador...

—Sí. Vaig tornar a l'Uzbekistan, però el meu entrenador va marxar a treballar a l'estranger. I em van trucar des de Rússia i vaig venir per preparar-me amb Leonid Iakovlévitx Arkàev.

—I així vas arribar als Jocs d'Atlanta.

—Sí, vam quedar segones.

—Plata. Està molt bé!

—No! És un mal resultat. Quan vas als Jocs només somies amb l'or. Amb la victòria. Bé, potser si tornes amb medalla ja està bé... Però no és el mateix.

—I per què no vau guanyar?

—Sabíem que podia passar. Érem el millor equip fins que l'URSS va caure. Després les ucraïneses van anar cap a una banda, les bielorusses cap a una altra, a l'Uzbekistan, a Rússia... Si ens tornéssim a ajuntar tornaríem a guanyar. La selecció era molt forta. Rússia és enorme, però la rivalitat ara és diferent. I el 96 havíem perdut la confiança en nosaltres mateixes. En canvi, als Estats Units començaven l'ascensió.

—A Atlanta no vas competir amb Tatiana Gutsu.

—No, es va retirar després de Barcelona.

—Ha contactat mai amb tu per explicar-te com se sent...?

—No sé si es va sentir malament o no, no te'n puc dir res, perquè no tenim cap tipus de comunicació.

—Realment us vau repartir els diners del premi?

—Quan l'entrenador va venir per dir-me que jo no competiria, ja havia explicat a Tatiana Gutsu que, si guanyava, hauria de compartir amb mi els diners. Ho van decidir ells, era cosa seva. Jo no hauria donat mai el meu premi a ningú altre —diu rient—. Als Estats Units van arribar a escriure que jo li vaig vendre la plaça per participar a la final. No l'hauria venut mai!

—Quan vas decidir deixar la competició?

—Jo encara volia participar en uns tercers Jocs. Però em vaig lesionar al coll i patia molt mal de cap després dels entrenaments. Vaig decidir parar.

—Com va ser la teva vida després d'abandonar la gimnàstica artística?

—Va ser genial! Vaig intentar fer d'entrenadora, però em vaig adonar que no podia treballar amb nenes petites. Em feien molta pena. Amb les d'hoquei no em passa, però amb les gimnastes sí. No podia veure-les plorar. Especialment en aquella època, quan encara no havia tingut fills. Em va arribar una oferta per anar a treballar a un circ sobre gel i la vaig acceptar, vaig ser-hi tres anys. Feia salts per damunt d'una corda, piruetes, *flic-flacs*, acrobàcies... I allà vaig trobar el que es convertiria en el meu marit.

—I quan penses en Barcelona, què et ve al cap?

—És una barreja de sentiments. Em va agradar molt la ciutat, voldria tornar-hi i recordar aquella cerimònia inaugural tan bonica, encara que, malauradament, Freddy Mercury no hi va poder ser. Recordo moltes escenes brillants. Tot era preciós i ens van rebre tan bé! Però no puc evitar pensar també que vaig perdre la meva oportunitat de guanyar l'or individual, que me la van robar. Em venen ganes de cridar: «Deixeu-me tornar, sisplau, a aquell moment, ho podem arreglar, deixeu-m'ho intentar!».

La grua de Sibèria

Aleksandr Karelin, lluita grecoromana

No hi ha persones dèbils a Sibèria, no n'hi pot haver. Així ho expressen alguns dels seus habitants, que es consideren supervivents pel fet de suportar un clima tan extrem en un territori inhòspit i colossal. Abans del moment de néixer, però, quan l'única temperatura que coneix el cos és la que proporciona el líquid amniòtic, molt confortable, ja hi ha fetus més disposats per al combat que d'altres. No passa cada dia que el ventre d'una dona d'1,67 d'alçada, aparellada amb un home de la mateixa estatura modesta, doni a llum una criatura de les dimensions del bebè de Novossibirsk que estem a punt de conèixer: 5,5 quilograms de pes amassats en una longitud i amplitud que altres nens necessiten molts mesos per assolir. Per tant, si utilitzem l'expressió *el petit Aleksandr*, ens referim a la seva curta estada a la vida, perquè, de petit, no n'ha sigut mai.

El petit Aleksandr va créixer complint les obligacions que se suposen a una personeta que encara no es pot valer per si mateixa. La criatura es feia mirar, perquè era evident que l'alimentació, a ell, li feia més profit. La progressió va ser en consonància a aquella primera marca de vida registrada el 19 de setembre del 1967, i quan, set anys després, es va presentar al primer curs de l'ensenyament obligatori, caminava dos caps per sobre de tota la resta de companys de classe. Tenia més a prop els ulls de la mestra que els dels seus amics. Els alumnes més esverats no van trigar a descobrir, però, que l'envergadura de l'Aleksandr i la seva força creaven una antinòmia. Era un gegant amb peus de fang, un nen amb dimensions adultes i faccions estrafetes, però molt dèbil. Aquesta circumstància el va convertir en un blanc molt atractiu per als tirans, que trobaven un al·licient especial a ridiculitzar i tombar a cops i empentes un nen dues vegades més gros que ells.

L'ànima de l'Aleksandr patia, però el cos anava a la seva i guanyava 10 centímetres cada estiu. Amb tretze anys, calçava un 43 de sabates, pesava 75 quilograms i s'alçava 1,75 metres sobre terra. Malgrat aquests registres biomètrics, aquella figura humana es reafirmava en la paradoxa de ser tan fluixa que ni tan sols feia Educació Física amb la resta de la classe, perquè no arribava als mínims per ser avaluat. Li adaptaven l'assignatura. I tant o més greus eren els seus problemes de coordinació.

Tot i així, el seu pare, que ja havia d'aixecar la mirada per parlar-hi, tenia el convenciment que aquella talla era la d'un boxejador, un esport que ell havia practicat. I el va portar al gimnàs. El van penjar a la barra i hi va quedar enganxat sense caure. Al jove Aleksandr li va semblar un miracle. Però l'exercici no havia acabat. Es tractava d'alçar el seu cos per acostar la barbeta al metall. Tot l'esforç del món amb prou feines va alterar la posició de les espatlles. Ni una. Tampoc estava fet per a la boxa. No obstant això, seria injust dir que no hi posava res de la seva part, perquè de capacitat de treballar i de sacrifici en tenia. Feia anys que li havien assignat la tasca vital a Sibèria de netejar de neu el pati, tallar els troncs per fer llenya i encendre l'estufa abans no arribessin els pares. A diferència de la majoria d'exemplars de la seva espècie, però, aquella activitat no es traduïa a guanyar més força.

El 1981, un entrenador de lluita grecoromana, Víktor Mikhàilovitx Kuznetsov, va passar per l'escola de l'Aleksandr Karelin. Era impossible no fixar-se en aquell alumne que ja apuntava a pes pesant. I el va convèncer per unir-se al seu equip i per treballar dur. Havia de superar les limitacions evidents que tenia si volia ser un bon lluitador, però ho podia aconseguir: «La lluita grecoromana és molt interessant, però no la compliquis excessivament. Subjecta el rival i fes el que puguis». Li va semblar una indicació molt raonable. Karelin es va enamorar d'aquell esport i del sentiment meravellós, per primera vegada, de pertànyer a un equip.

La motivació el va portar fins a la seva primera competició. La lluita va ser breu. De seguida el van tenir estirat amb l'esquena al tapís. Aquesta vegada, però, la derrota no li va acotar el cap, sinó que va servir d'estímul per preparar-se encara amb més dedicació fins a arribar a un torneig del qual ja no el van expulsar a la primera ronda. Era a les semifinals quan, intentant aixecar el rival, va notar un espetec fort a la cama que havia posat de manera incorrecta. Es va trencar tíbia i peroné. Era inevitable preguntar-se si aquell cos que cridava tant l'atenció estava predestinat a passar desapercebut en el món de l'esport. L'interrogant va quedar resolt mig any després, quan va tornar a competir i ho va fer convertit en un os. Amb disset anys, 1,91 metres i un 48 de peu, va arribar a la final Júnior del Campionat de l'URSS. Ja només hi havia una persona de la seva categoria que el pogués derrotar, un lluitador ucraïnès, que ho va aconseguir pels pèls: 0 a 1. El campionat següent el va guanyar Aleksandr Karelin de manera brillant i ja va merèixer el títol de Màster de l'esport de la Unió Soviètica.

L'assetjament escolar s'havia acabat. Ara podia agafar qualsevol dels seus companys d'aula, que podien pesar uns 60 quilos, i fer-los volar com avions de paper. De tota manera, el seu aspecte ara ja folrat de múscul era dissuasiu. Les lluites se circumscrivien al tapís, amb contrincants també enormes, perquè la categoria de pes pesant era sense límit, de 100 quilos en amunt, i podien plantar-se-li al davant masses més exagerades que la seva. La temporada de l'esclat de Karelin, la que el convertiria en un dels esportistes més grans de la història, va arribar el 1988, en any olímpic. Abans dels Jocs, es va enfrontar al dues vegades campió del Món Igor Rostorotski. I Karelin va aconseguir dues coses formidables. La primera, derrotar-lo. I, la segona, fer-ho de manera sensacional, amb un moviment practicat en categories més lleugeres, però que semblava impossible d'aplicar en aquells mastodonts. Karelin, en un moment del combat, es va decidir a intentar-ho: va subjectar Rostorotski, el va alçar i el va sostenir elevat, en posició horitzontal! Era una postura ja gairebé indefensable per al campió mundial, perquè ni els braços ni les cames no trobaven un punt on impulsar-se per contraatacar. Karelin encara s'havia reservat forces per intentar la proesa d'arquejar-se enrere i llançar-lo per sobre seu, fent-lo impactar amb l'esquena sobre el tapís. Aquell campió soviètic, un bloc de ciment inamovible per a la majoria de mortals, va volar al dictat dels braços de la grua Karelin. Amb els anys, aquell moviment passà a ser la firma terrorífica del lluitador siberià i va ser batejat com l'*aixecament Karelin*.

El 1988 va semblar que no hi havia ningú al planeta Terra que pogués vèncer-lo. L'equip soviètic, no tan sols el de lluita, sinó també en gimnàstica i moltes altres modalitats, estava ple de campions. Però la persona que va desfilar al davant de tots en la inauguració dels Jocs de Seül amb la bandera roja va ser aquell jove esportista de Novossibirsk. Tenia només vint anys, en va fer vint-i-un allà, a Corea del Sud. I els que van entregar-li la responsabilitat de portar l'estendard de l'URSS no es van equivocar. Es va plantar a la final amb autoritat. En aquell últim combat se les va veure amb Rangel Gerovski. El búlgar va plantejar una batalla hàbil que el va portar fins a l'últim minut de l'últim assalt per davant en el marcador, 2 a 3. Fins que el rus li va administrar la mateixa medicina que al suec Tomas Johanson, que va ser finalment bronze. Karelin, quan va tenir Gerovski de panxa a terra, li va passar un braç per sota del cos, l'altre per sobre i es va anellar els dits de les dues mans. Els seus oponents encara no sabien que això significava la seva sentència. Un cop el va tenir ben agafat, amb una força de cames descomunal, es va posar dret. El va deixar gairebé sense contacte amb el terra en posició horitzontal. Els moviments de peus i cames d'aquells gegants eren tan inútils com els d'un bebè que es resisteix a pujar a coll del pare. Els seus cossos, que podien fer més de 120 quilos, quedaven a mercè dels 108 quilos de múscul de la grua. Encara li faltava el sospir de força extra per fer l'arqueig enrere i estimbar-lo d'esquena contra el tapís. L'*aixecament Karelin* li va donar la seva primera medalla d'or olímpica.

Aleksandr Karelin va començar un regnat poderós. Sumava una victòria darrere l'altra. Ara els rivals ja sabien que, si els tenallava amb els braços, els esperava una derrota sonada, però, tot i així, no sabien com evitar-ho. Als campionats, els oponents resaven per trobar-se'l com més avançats millor. O fer-ho en les rondes no eliminatòries. No era estrany que algun lluitador espavilat, en aquests combats no decisius, ni tan sols es presentés si el sorteig l'enfrontava amb la grua de Sibèria. Podia ser que tinguessin un sentiment tan humà com la por. En qualsevol cas preferien no desgastar-se per encarar amb més garanties altres contrincants menys ferotges. L'aspiració era la plata o el bronze. Quan no hi havia altre remei que enfrontar-se a l'os de Novossibirsk, l'objectiu número u no era la victòria, sinó no quedar lesionat. Karelin va guanyar dotze anys seguits, al voltant de vuit-cents combats, sense ni una sola derrota! És una marca extraordinària que el va convertir en el millor lluitador de grecoromana de la història i que ell m'ajuda a valorar:

—Et trenques un os petit, per exemple el que Déu va utilitzar per crear la dona, i s'ha acabat. No pots ni tan sols respirar. Per això tot és tan fràgil, il·lusori i efímer. I més, tractant-se de pesos pesants. Tothom amb qui m'enfrontava era fort i enorme.

La filosofia de Karelin semblava senzilla: morir als entrenaments per no morir a les competicions. I, de fet, en algun campionat es desgastava força menys que en la preparació del gimnàs.

Aquella ratxa invicta el va acompanyar fins a l'Estadi Olímpic de Montjuïc l'any 1992. A diferència dels seus primers Jocs de Seül, hi va arribar ja com a Aleksandr Karelin. Ja el coneixien i el temien els lluitadors de tot el món. Va tornar a desfilar com a abanderat, però ara amb un altre emblema, l'olímpic que representava un equip que no tenia país: l'Equip Unificat.

—I estàvem units. Els lluitadors vivíem en un cinquè pis, a la Vila Olímpica de Barcelona. Recordo que al balcó no hi havia barana perquè les obres no havien acabat del tot. També retinc a la memòria com de fàcilment podíem passejar fins a la platja. Érem el millor equip de tots. I tant se val que jo l'encapçalés amb una bandera estranya amb cercles, sabia que darrere meu desfilava tot el poder de la Unió Soviètica.

A l'INEF de Barcelona, a aquell guerrer, ara de 113 quilos, semblava que l'haguessin posat a competir en una categoria inferior. Es desfeia dels rivals amb una velocitat infernal. La semifinal amb Ioan Grigoraş se la va ventilar en 14 segons! I el romanès no era un lluitador menor; de fet, va guanyar el bronze. Un sol combat que arribés fins al final en aquells Jocs requeria sis minuts, dividits en tres assalts. Però la grua només va necessitar set minuts en la suma de tots els duels dels Jocs de Barcelona per penjar-se l'or. La final contra el suec Tomas Johansson va ser memorable i al *The New York Times*, l'endemà (30 de juliol), el veien fent carrera a Hollywood:

> Del tapís a la gran pantalla?
>
> Ara que Aleksandr Karelin ha guanyat el seu segon or olímpic seguit en el pes superpesant de lluita grecoromana, poca cosa més li queda per conquerir, potser exceptuant Hollywood. No hi ha cap lluitador estranger que l'hagi pogut vèncer mai. És tres vegades campió del Món i cinc vegades campió europeu de 130 quilograms, i ha estat invicte en els darrers cinc anys en 90 competicions. Avui ha vençut per pin els seus dos rivals. Al matí, Karelin ha guanyat per pin Ioan Grigoraş, de Romania, en 14 segons. Ha estat la victòria més ràpida del campionat fins ara. Posteriorment, s'ha imposat per pin al suec Thomas Johansson després de només 3.27 per guanyar la medalla d'or. «He tingut algunes ofertes de Hollywood, però no sé per a quina pel·lícula», ha dit Karelin. «És un misteri per a mi. Potser seré alguna mena de *Terminator*.» Karelin és tan impressionant físicament com Arnold Schwarzenegger. El rus de vint-i-quatre anys no ha actuat mai. Però té un agent.

La pel·lícula amb què es va trobar de tornada a Novossibirsk va ser un drama. Després de meravellar el món de la lluita a Barcelona, la seva estimada Unió Soviètica no era ni tan sols un miratge. Havia desaparegut completament.

—Va ser extremament dur. El meu cap no podia suportar que, de cop i volta, tot s'hagués esmicolat. Estàvem confosos, perduts. No hi havia diners, fins al punt que ja no teníem doctor a l'equip nacional perquè no es podia pagar el sou. I tothom es comportava de manera estranya. Fins i tot a mi em van començar a acusar de ser un espia rus, em calumniaven. La situació al país era humiliant i des de fora també ens van començar a tractar diferent, de manera més severa. Es va fer evident un prejudici contra Rússia que no ha desaparegut encara avui. El fet és que som una nació de guanyadors. Si malgrat totes aquelles dificultats l'equip es va mantenir és perquè estem orgullosos de les nostres tradicions, entenem que formem part d'un tot que és superior. Amb la desfeta de l'URSS, la rivalitat va disminuir perquè molts lluitadors del que havien sigut les repúbliques soviètiques van marxar a altres països on indiscutiblement van contribuir a apujar el nivell. I, mentrestant, el nostre sistema tan exigent que forjava campions d'acer es va afeblir. I, per exemple, ja no teníem espàrrings de tanta qualitat. El que em va salvar a mi, la meva gran sort, és que el meu entorn no va canviar. L'entrenador Víktor Mikhàilovitx Kuznetsov i la ciutat de Novossibirsk seguien al mateix lloc.

—Si vostè no hagués nascut a la Unió Soviètica, creu que no hauria guanyat l'or de Barcelona?

—Tot comença amb una falta que van cometre els meus besavis. Un crim que va ser castigat amb l'expulsió, amb l'exili a Sibèria. Per aquest fet jo vaig néixer a Novossibirsk. Un cop nascut allà, les meves característiques físiques no haurien estat res sense els mètodes de l'escola de Kuznetsov; vostè no m'estaria entrevistant ara, perquè Karelin no hauria estat el personatge que és. I Kuznetsov em va trobar a Novossibirsk. El triomf no obeeix principalment a paràmetres físics, l'èxit és fruit de la coincidència: arrels siberianes, sang russa i l'escola de Kuznetsov, amb els mètodes i la reputació victoriosa de la Unió Soviètica i de la lluita russa. Guanyàvem gràcies a un sistema que no pecava de les temptacions del liberalisme. Tot era simple i clar. I mai estaré d'acord amb els que diuen que la propaganda és nociva. Ho enteníem a la perfecció i estàvem orgullosos de servir el nostre país. Ens afaitàvem i ens posàvem la corbata no per a nosaltres, sinó perquè representàvem la gran potència mundial. Un poder no tan sols militar, també en la ciència, l'espai i l'esport. I això darrer passava per nosaltres. I per això compreníem que els entrenadors havien de ser tan severs i exigents. Hi havia tanta competència interna en la lluita grecoromana que el seleccionador Guennadi Andreiévitx Sapunov solia dir: «Aquí a l'URSS pots ser el segon, el tercer o el sisè, però allà, a fora de la Unió Soviètica, tots vosaltres, del sisè al primer, sou campions!». Vaig tenir molta sort de formar part d'aquell equip nacional.

—Les seves victòries més espectaculars acostumaven a segellar-se amb l'*aixecament Karelin*. D'on va sortir aquesta tècnica?

—El responsable és l'entrenador, Kuznetsov. Hi havia lluitadors en altres categories que utilitzaven el que s'anomena l'*agafament revers de cintura*. L'entrenador va compilar les maneres com el feien i el va adaptar a les meves condicions físiques i a l'estructura del meu cos: cames curtes, esquena poderosa, braços molt llargs... I vaig treballar molt la tècnica fins que me'n vaig sortir. Crec que si executes el moviment correctament no té escapatòria. Obligues el rival a trencar el reglament, a cometre errors o a esperar la derrota, perquè aterrarà sobre la seva esquena. És un moviment efectiu, bonic i espectacular.

Aleksander Karelin va tornar a arribar com a favorit als seus tercers Jocs, a Atlanta. Per primera vegada en una cerimònia inaugural, el 1996, Karelin va encapçalar l'equip nacional del seu país amb la bandera tricolor, la de Rússia. A l'Estadi Olímpic va coincidir amb una altra llegenda, Muhammad Ali. Mentre el púgil encenia tremolós el peveter, Karelin se'l mirava des del centre de la pista amb un punt de preocupació. Sabia que aquesta vegada tindria molt difícil guanyar. Arrossegava un problema enorme que ell i el seu equip van guardar en secret.

Estava lesionat i, pràcticament, hauria de lluitar amb només un braç. Al Campionat Europeu, a Budapest, l'or li havia costat car. Es va esquinçar el múscul pectoral major dret. El van haver d'operar d'urgència allà mateix, a la capital d'Hongria, i el pronòstic era seriós. Calia oblidar-se dels Jocs Olímpics d'Atlanta, per als quals quedaven només tres mesos, i d'alguna cosa més que això. «Amb la mà dreta no podràs aixecar una cullereta de te en mig any. Per agafar la tetera haurà de passar encara més temps», li va pronosticar el doctor. Cada vegada que es veia obligat a reposar, Karelin es refugiava en els llibres. Els devorava. Per molt voluminoses que fossin les obres, semblaven miniatures en les mans enormes de Karelin, que tenien la capacitat també de transformar les tasses de te en didals. Les seves grapes reduïen l'escala dels objectes. Aquesta vegada, el que més va aprofitar al llit de l'hospital va ser *L'adolescent*, de Dostoievski. La lliçó que en va treure és que, sense renúncies i privacions, no es pot comprendre el valor de les coses importants. I allà estirat, sense poder bellugar el braç, donava més importància que mai a poder participar en uns Jocs Olímpics. Abans d'abandonar l'habitació d'hospital, Karelin va mantenir una reunió amb el cirurgià que l'havia operat, Istvan Berkes, i amb el doctor que havia conduït els primers compassos de la rehabilitació, Attila Pavlik.

—Els vaig demanar que no publiquessin el meu historial mèdic, que l'abast greu de la lesió que tenia no veiés la llum. Com a mínim fins després dels Jocs d'Atlanta. Si els meus rivals descobrien la veritat, les meves possibilitats es reduirien encara més, perquè es podien preparar per atacar el meu punt dèbil.

Els doctors van mantenir el pacte amb Karelin. El rus va arribar a Atlanta havent fet molt gimnàs, molta recuperació, però sense haver trepitjat el tapís des que havia entrat al quiròfan tres mesos abans. Ni una lluita d'entrenament. Era un misteri saber com notaria la falta de combats i com li respondria el cos. Karelin, aquesta vegada, probablement hauria de renunciar a ser la grua de Sibèria per intentar lluitar com una piconadora. Va arribar al primer combat amb 123 quilograms i el seu aspecte era bo. Els adversaris, per tant, van entrar al matalàs convençuts que al davant tenien un home imbatible. Karelin no era només una bèstia, sinó també molt llest a l'hora de plantejar cada assalt. El primer el va enfrontar amb un tunisià. El va despatxar en menys de quatre minuts. 10 punts a 0. Aquell lluitador va semblar un ninot. El següent, el moldau, l'hi va posar molt més complicat. Fins als sis minuts i mig, els jutges no li van assignar els dos primers punts. Karelin va mantenir aquest resultat, visiblement cansat, fins al final. En algun moment, va arribar a semblar fins i tot vulnerable. Amb energia renovada, va fer la vida impossible al rival següent, el finlandès. Es va posar per davant 2 a 0. Karelin semblava entestat a fer-li el seu aixecament. Ho va provar una vegada i una altra. Quedaven tres minuts per al final i el va encadenar amb les seves urpes d'os. El finlandès s'havia entrenat fins a l'extenuació per a aquell moment, per evitar que Karelin l'aixequés. I el rus el va sorprendre. En comptes de fer la força amunt, la va concentrar a girar-lo i el va planxar amb l'esquena al tapís. Una victòria aclaparadora que el va portar a les semifinals. S'hi va trobar el grec Poikilidis, que es va veure superat per l'os siberià sense poder arribar al final del temps. «Serà un honor dir als meus fills que he lluitat contra aquest gran home», va declarar després d'haver llepat. Qualsevol lluitador era un admirador de Karelin. Matt Ghaffari havia acumulat vint-i-una derrotes davant del rus. Ni un sol triomf. El nord-americà tenia un pòster de la grua siberiana a l'armariet del seu gimnàs i una fotografia al menjador de casa. Tanmateix, ara es veia capaç de complir un somni. Guanyar-lo en la final olímpica i davant dels espectadors del seu país. Perquè estava convençut que algun dia, abans de retirar-se, el millor lluitador de la història havia de perdre algun combat. Quan els dos gladiadors van sortir a la pista del Centre Mundial de Congressos de Geòrgia, els van posar la cançó més famosa de *Rocky*. Ghaffari avançava cap al tapís corrent, fent l'helicòpter amb la tovallola, vestit de blau amb les estrelles i barres de la seva bandera sobre la panxa ben alimentada, i el pavelló l'aclamava amb els crits d'«USA, USA, USA...» («iu es ei, iu es ei, iu es ei...»). Karelin, amb mallot vermell, esperava en silenci, amb la tovallola damunt les espatlles. Semblava realment un *remake* de la pel·lícula de Stallone, concretament de *Rocky IV*, però amb escenaris intercanviats, perquè és Rocky qui viatja a l'URSS per boxejar contra Ivan Drago. Al *The New York Times* es preguntaven, quatre anys abans, si el de Sibèria tenia ja estesa la catifa fins a Hollywood. I aquí el tenien, a punt d'actuar de nou, però no pas a les ordres de cap director ni guionista ianqui. Quan l'àrbitre va fer sonar la claqueta d'inici, Ghaffari va arrencar molt intens, a l'atac per l'or olímpic. Karelin, però, el resisteix bé i de seguida és ell qui porta la veu cantant. Situa l'1 a 0 al seu favor, al minut i cinquanta segons. Queda encara molt combat. I el rus mana. Cada vegada que té el nord-americà de panxa a terra i l'anella, Ghaffari sembla un ànec espantat buscant la sortida de la pista. Té pànic a perdre amb el temut aixecament. I ho evita, però arriba al minut 8 amb aquell resultat. Karelin guanya el seu tercer or olímpic consecutiu. Si no hagués patit aquella lesió tres mesos abans, és difícil imaginar com hauria destrossat tots aquells lluitadors. En aquell moment, poques persones saben l'abast de la proesa de Karelin. Pocs dies després, el de Novossibirsk rep un telegrama. Els doctors de Budapest, admirats, el feliciten per aquella gesta de la qual són còmplices.

Karelin va seguir guanyant quatre anys més. I va arribar una altra final olímpica. Any 2000, Sydney. Tenia el davant una fita no assolida, el quart or olímpic consecutiu. Aquests són alguns dels paràgrafs que va utilitzar el canal d'esports nord-americà ESPN per descriure el que va passar:

> Karelin perd el seu primer combat internacional.
>
> Rulon Gardner ha fet l'impensable. Ha batut l'imbatible. Ha demostrat que Aleksandr Karelin no és perfecte i ha guanyat una medalla d'or que virtualment ningú al món pensava que podia guanyar. L'americà passarà a la història de la lluita per la seva sorprenent victòria 1-0 sobre el gran Aleksandr Karelin de Rússia.
>
> Miracle sobre el tapís. Karelin està universalment considerat el més gran lluitador de grecoromana de tots els temps, un home que mai ha perdut una competició internacional. I Gardner l'ha vençut, sorprenent una multitud, incloent-hi el president del COI, Joan Antoni Samaranch, que havia vingut a entregar-li la seva quarta medalla d'or —la medalla que no obtindrà mai.
>
> La decepció ha estat tan gran que ningú del públic, més enllà de la família de Gardner, podia creure-ho. Tampoc Karelin, qui, segons Gardner, «m'ha remugat quatre paraules en rus al final. No sé què ha dit. És tan gran i terrible, que és com un cavall empaitant-te. No soc ni de lluny tan fort com ell».
>
> El moment clau ha arribat després dels tres primers minuts sense punts. Aleshores, els lluitadors comencen el segon període amb un *clinch*, han de mantenir les mans ben agafades al voltant del cos de l'adversari fins que un dels dos executa un moviment que puntuï o deslligui les mans. Es van haver de revisar les imatges, però els jutges van confirmar que les mans de Karelin s'havien separat. Un punt va pujar al marcador de Gardner.
>
> Karelin és tan fort que una vegada va pujar una nevera a un setè pis per les escales sense demanar ajuda, però, aquesta nit, la que havia ser la nit de les nits, no ha tingut la força per guanyar.

Encara ara li dol recordar aquella nit, però a l'Hotel Four Seasons de Moscou, on fa més d'una hora que conversa amb nosaltres, arriba el moment de parlar-ne.

—Què va passar?

—És simple, que vaig perdre contra Rulon Gardner.

—Però per què? He vist el combat moltes vegades i no hi trobo explicació. Fa la sensació que, més enllà de l'error del *clinch,* vostè era superior, però que alguna cosa no acabava de funcionar, que no li sortia bé.

—Vaig perdre. O sigui, que no vaig guanyar. És simple.

—Quants cops ha repetit mentalment aquella final?

—Crec que... Encara no en puc parlar de manera reposada. Vaig trair les expectatives i les il·lusions de molta gent. Vaig perdre perquè em vaig preparar per a una altra cosa. Vaig cometre errors.

—Va decidir plegar per aquella derrota?

—Aquest va ser precisament un dels errors. Vaig preparar aquell torneig perquè fos l'últim de la meva carrera.

—Va ser el pitjor moment de la seva trajectòria?

—És clar. Ningú se'n recorda, que vaig perdre el 1984, excepte Serioja Zaretski. Però que vaig caure 0 a 1 als Jocs de Syndey ho sap tothom. L'endemà vaig despertar-me sent més popular que mai gràcies a aquell drama. Prefereixo començar en segon lloc que acabar en segon lloc quan tothom t'està mirant.

Els seus triomfs com a lluitador del club Dinamo li han merescut el grau de coronel. Però no s'ha jubilat. Aleksander Karelin és un dels personatges més coneguts i admirats a Rússia. I, des de fa vint anys, es dedica professionalment a la política. És diputat a la Duma pel partit que dona suport a un altre lluitador, cinturó negre de judo i lluitador de sambo: el president Vladímir Putin. Karelin creu que si l'URSS va caure va ser, en bona part, perquè finalment es va mostrar massa feble. Està convençut que l'Estat, l'administració, ha de ser forta i que el més útil que pot aportar com a polític és fer més robustes les institucions governamentals de Rússia perquè no torni a passar la catàstrofe del 1991.

—De què té por un gegant com vostè?

—De ser fluix. Mai més a la meva vida vull tornar a aquella condició de ser una persona enorme però inútil.

Que bonic aquest esport tan lleig!

Svetlana Kriveliova, llançament de pes

Feia un any que un entrenador havia visitat la sessió d'educació física a la seva escola. Aquell dia, els alumnes, de deu anys, van fer classe com sempre amb el seu mestre i un observador desconegut. Com que Svetlana Kriveliova era, amb diferència, la més alta de tot el grup i mostrava bones aptituds, va ser una de les escollides. Va començar a practicar —gratuïtament, és clar— atletisme a la societat esportiva Trud ('treball') de Briansk. La primera temporada se l'havia passat corrent distàncies curtes per potenciar la velocitat i treballant els salts, tant d'altura com de llargada. I ara havia arribat el dia d'enfrontar-se a una prova diferent. Li van demanar que s'afegís al grup de les nenes que feien llançament de pes. I una a una van anar llançant la bola de tres quilos. Fins que va arribar el torn a la Svetlana. Ella no sabia pas fer el moviment que havia vist executar a la resta de les llançadores, ni tampoc portava les vambes especials que elles tenien. Així que, sense cap mena de tècnica ni equipament, va agafar el pes i, instintivament, el va enviar tan lluny com va poder. Tenia onze anys i la bola va recórrer un metre per any. 11 metres! Aquella distància era notablement més llunyana que la que havien assolit la resta de nenes que ja feia un temps que s'entrenaven.

Abans de prendre la decisió final, li van donar un disc per sortir de dubtes. Malgrat que també va apuntar bones maneres, va quedar decidit que l'especialitat de la Svieta seria el llançament de pes. Era una gran notícia per a l'entrenadora que la portaria, però una gran decepció per a aquella nena que, quan pensava en atletisme, s'imaginava corrent o saltant, com fins aleshores, però mai fent un esport que considerava tan lleig, especialment per a una noia. Per desencís o per vergonya, el fet és que a casa no va explicar la novetat. Durant molt de temps, tant el pare com la mare, que d'esportistes no en tenien res, van pensar que la Svieta continuava fent *atletisme*. I atletisme per a ells volia dir bàsicament córrer. Quan la mare la va veure per primera vegada agafant una esfera pesant per catapultar-la en paràbola, no va poder amagar la cara de circumstàncies. Però del que no hi havia dubte és que la nena competia bé. I la Svetlana va anar agafant estima a aquell esport que li havia semblat espantós i que tant l'havia fet patir internament en els primers entrenaments.

Aquells dies de la dècada dels vuitanta eren ben feliços a casa de la Svieta. La ràdio, encastada a la paret, estava sempre engegada, perquè els regulava l'activitat sense necessitat de prémer cap botó. A les dotze de la nit, després de l'himne soviètic, es feia el silenci absolut perquè s'aturava la programació. I l'aparell, tot sol, engegava la nova jornada a les sis del matí amb la mateixa música. L'himne de l'URSS els servia tant de cançó de bressol com de despertador. No hi havia tonada més energitzant per esmorzar les farinetes i sortir motivada cap a l'escola. Quan tenien alguna activitat extra, com anar a plantar patates amb els companys de classe a una granja col·lectiva o afegir-se a les desfilades de la victòria de la Revolució, s'hi entregava amb la convicció que estava fent alguna cosa útil, s'imaginava a tothom plantant patates alhora en aquell gran país o disposats a defensar la pàtria si calgués. Un poble enorme que, quan calia, s'arremangava per participar en els *subbotniks*, els dissabtes de treball voluntari instaurats en temps de Lenin. La reconfortava complir el deure de ser una bona ciutadana soviètica. Admirava la passió que hi havia als entrenaments per superar-se. Només al grup de noies llançadores eren una vintena. Feien patxoca quan les posaven l'una al costat de l'altra a fer els mateixos exercicis. Formava part d'un engranatge enorme i n'estava orgullosa.

Svetlana Kriveliova va seguir creixent fins a una alçada d'1,84 metres. Tenia una esquena i unes mans imponents. S'havia convertit en una jove tan dura com l'esfera metàl·lica amb la qual treballava, que, per cert, ara ja pesava els quatre quilos reglamentaris. Sota l'impuls de les cames i del braç dret, la bola semblava de goma. Va acostumar-se al sabor dolç de les victòries als Campionats Juvenils. I, inevitablement, va arribar la crida per abandonar la ciutat i la societat esportiva de la seva infància. La va fitxar el Dinamo de Moscou.

A la capital de l'URSS va seguir fidel al patró que l'havia conduït fins on era: pencar com ningú i obediència cega a les instruccions dels entrenadors. Ingressar a les files del Dinamo significava que passava a ser una treballadora del Ministeri de l'Interior, però, en comptes de vestir l'uniforme de les milícies o de treballar als despatxos de la policia, la seva feina continuava sent l'atletisme. Ho combinava, a més, amb estudis universitaris. El Ministeri de l'Interior li va premiar aquest esforç amb el rang de tinent. I era aquest òrgan governamental el que li pagava un sou que havia d'anar a buscar cada mes a les oficines d'una unitat militar. Feia cua envoltada de milicians que també venien a rebre els rubles en efectiu. A molts homes de la fila els treia un cap d'alçada, un pam d'esquena, una massa considerable de quàdriceps... i es devien preguntar quina mena d'agent especial era.

Amb l'equip soviètic juvenil, va competir a Grècia i el país li va semblar un encanteri de bonic que el va trobar. Del Canadà va tornar, fins i tot, amb els envasos de plàstic dels iogurts per mostrar-los a la família. El món capitalista era realment espectacular! Però ella tornava contenta i orgullosa al que li semblava el més inspirador dels espais, el més reconfortant, el comunista.

Ja amb la selecció absoluta, estava concentrada amb les companyes a Vladivostok a punt de sortir cap al Campionat del Món, l'agost del 1991, quan els van comunicar que s'havia suspès el vol que havia de traslladar l'equip d'atletisme soviètic a Tòquio. L'intent d'assaltar el poder per la força a Moscou de l'ala dura del Partit Comunista paralitzava els avions a les pistes d'enlairament. Quan ja creien que no podrien volar, finalment va arribar la llum verda. Al Japó els esperaven els periodistes, més interessats per les notícies de l'alçament contra Gorbatxov que per l'esdeveniment esportiu que estaven a punt de disputar. Ja a la pista, Svetlana Kriveliova, gràcies al fet que va enviar el pes a 20,16 metres, es va penjar el bronze. Va quedar molt a prop de la també soviètica Natàlia Lisóvskaia (20,29) i de la xinesa Huang Zhihong, que va ser or amb un llançament de 20,83 metres.

Amb aquestes credencials, es va preparar molt il·lusionada per als seus primers Jocs Olímpics, els de Barcelona. El seu entusiasme va patir un cop que no havia anticipat. El xandall vermell amb les lletres CCCP no el podria lluir. Aquelles sigles que indicaven en ciríl·lic URSS havien passat a formar part de la història. No era clar encara si competirien sota les de la Comunitat d'Estats Independents o les que finalment es van escollir: Equip Unificat. Cap de les dues no li feien ni fred ni calor. El país que l'havia preparada era un altre.

Tot i així, va arribar molt contenta a la cerimònia inaugural, a l'estadi de Montjuïc. Allà, la primera cançó que va sonar, abans que comencés oficialment l'acte, va ser *Barcelona*, de Freddie Mercury amb Montserrat Caballé. Kriveliova, com altres components de l'Equip Unificat, estava convençuda que Mercury estava cantant a l'estadi, perquè la notícia que la sida s'havia emportat el líder de Queen a finals del 91 no havia circulat massivament per l'URSS. Ni tan sols Caballé l'estava cantant en directe, perquè es tractava d'una careta d'entrada que es va llançar per televisió amb imatges de la ciutat.

Després de la desfilada, no hi va haver temps pràcticament de veure la ciutat, perquè tocava concentrar-se, i, a més, la seva prova no es disputaria fins al 7 d'agost, només dos dies abans de la cerimònia de clausura. Per a l'or, la rival més forta era l'alemanya Kathrin Neimke, plata als Jocs de Seül. Però sempre calia tenir en compte la companya de l'Equip Unificat, Natàlia Lisóvksaia, vigent campiona olímpica i plusmarquista mundial. I si es mirava l'última competició important, guanyava enters la xinesa Zhihong Huang, que les havia derrotat totes a Tòquio.

La final va resultar una guerra entre Huang i Kriveliova. A la tercera ronda, la xinesa es va situar primera amb 20,47 metres i la russa va fer nul. Quedaven encara tres tandes. A la quarta, la xinesa va fer nul, però Kriveliova no va arribar als vint metres. Al penúltim llançament, la xinesa no va superar el seu millor registre i Svetlana Kriveliova va aconseguir-ho: 20,89. Encarava l'última ronda en primera posició. La xinesa va fer el seu últim llançament. L'esfèrica metàl·lica va superar la cinta blanca dels 20 metres, però no n'hi va haver prou per passar al primer lloc. Svetlana Kriveliova ja tenia l'or garantit quan es va situar al cercle per fer el sisè i últim llançament. Amb l'alegria de la victòria, va dibuixar una paràbola daurada fins als 21,06 metres. Va passar més de mig metre la xinesa, i més d'un, Neimke, la tercera. Era la seva millor marca personal.

A dalt de tot del podi, amb la medalla penjada i un ram de flors a les mans, només un lament. Mirava la bandera russa i hauria volgut veure hissar la de l'URSS. I, sobretot, que sonés aquell himne que de petita la despertava cada matí a les sis i no aquella peça de Glinka. L'himne de Rússia no li transmetia res.

Al seu pis de Dolgoprudni, a prop de Moscou, Svetlana Kriveliova insisteix que agafi un trosset de pastís que ha deixat al costat d'una tassa de te enorme, més a mida de les seves mans que de les meves. S'ha arreglat molt per rebre'ns. És molt hospitalària i respon totes les preguntes amb molta amabilitat. Ja fa estona que parlem, però no fa el senyal dels entrevistats que volen anar acabant: no mira el rellotge ni el telèfon. Sembla contenta de parlar d'aquells temps. Ara ja està jubilada oficialment, encara que només té cinquanta-dos anys. Cobra la pensió en consonància amb el rang que va assolir al Ministeri de l'Interior per anys de servei i pels títols importants que va aconseguir. És una coronel!

—Com va ser la tornada a Moscou després del triomf de Barcelona?

—El país estava canviant molt. Ens van dir que als medallistes ens rebria el president rus Borís Ieltsin. Però les meves bones companyes ucraïneses o bielorusses ja no eren considerades del meu equip. Tot va començar a col·lapsar. L'esport trontollava. Estàvem acostumades a fer concentracions contínuament, a l'Uzbekistan, a Bielorússia, a Abkhàzia... i aquesta xarxa de bases esportives d'aquell gran territori la vam perdre. Els esportistes i els entrenadors de la Unió Soviètica, en general, érem entusiastes. Teníem una mentalitat totalment diferent. Treballàvem per mostrar resultats. Els entrenadors eren molt exigents, però ens transmetien tanta confiança que ens vèiem capaços d'aconseguir qualsevol cosa. I això passava a les quinze repúbliques soviètiques. Quan veia els últims jocs de Tòquio aquest 2021, pensava: «Si competíssim com aleshores i arribéssim als Jocs tots aquells atletes soviètics junts s'espantarien només de veure'ns!». I no ens movíem per diners, perquè no hi havia res! I potser aquesta era la clau. Com menys luxes, millor. El nostre gimnàs d'entrenament era una sala subterrània. Allà hi teníem els pesos, unes peces de ferro. El primer cop que vam competir al Canadà i vam entrenar al seu gimnàs vam quedar de pedra! Semblava un palau amb els pesos d'un altre material, de plàstic. No podíem imaginar les nostres competidores americanes o alemanyes al nostre soterrani. Però, a nosaltres, ja ens anava bé. Sabíem per què ho fèiem i quin era el camí que havíem de seguir. I crec que els resultats ens anaven millor així que no pas ara que tothom calcula quants diners guanyarà en cada prova. Amb Vladímir Putin, s'han anat renovant els centres d'entrenament i el nivell torna a pujar. Però probablement els nens són diferents avui. Nosaltres vam néixer en el període soviètic, quan no hi havia res, ni gaire varietat de menjar, i dedicàvem tot el temps lliure a l'esport que ens agradava. Al meu interior encara hi ha aquella empremta soviètica. Sento nostàlgia.

—Vostè tenia vint-i-tres anys quan va guanyar a Barcelona. Encara tenia molta carrera esportiva per endavant.

—L'or de Barcelona també em feia patir, perquè em sentia amb l'obligació de demostrar que era una campiona i només servia la primera posició. I és dur —diu rient—. Ho passava molt malament quan no guanyava. Per a mi només existien la victòria o la frustració.

—I als Jocs d'Atlanta els resultats no van ser bons.

—No. Havia tingut la meva filla dos anys abans i no vaig ser a temps d'agafar la forma.

—I a Sydney, quatre anys més tard, es va quedar a les portes de la medalla.

—Vaig quedar quarta i volia deixar l'esport. I això que estava molt ben preparada, però tenia una depressió i no vaig competir bé. Ens passa a molts esportistes. Vaig intentar deixar l'esport cent cinquanta vegades!

Svetlana Kriveliova encara va participar en uns altres Jocs. Va ser una de les llançadores a les ruïnes de l'Estadi d'Olímpia, a Atenes 2004. I la classificació final va ser dramàtica. En primera instància, va quedar quarta. Però, dies després de la cerimònia de les medalles, el COI va convocar una roda de premsa per anunciar que la russa Irina Korzhanenko, que s'havia penjat l'or amb un llançament idèntic al de Kriveliova a Barcelona (21,06 metres), havia donat positiu per estanozolol, un anabolitzant prohibit. De manera que totes les atletes es van bellugar una casella cap amunt i a Kriveliova li van entregar la medalla de bronze. La va gaudir uns quants anys, fins que el 5 de desembre del 2012, de nou, un comunicat de premsa ho va canviar tot:

> Quatre atletes que van guanyar medalles als Jocs Olímpics d'Atenes 2004 han estat desqualificats després que les noves anàlisis de les seves mostres emmagatzemades hagin tingut un resultat advers. Els quatre atletes són Iuri Bilonog (1r en llançament de pes masculí, Ucraïna), Svetlana Kriveliova (3a en llançament de pes femení, Rússia), Ivan Tsikhan (2n en llançament de martell masculí, Bielorússia) i Irina Iàtxenko (3a en llançament de pes, Bielorússia). En els quatre casos, el Comitè Executiu del COI ha ordenat als Comitès Olímpics Nacionals pertinents que retornin al COI, tan aviat com sigui possible, les medalles i els diplomes entregats als atletes.

El Comitè Olímpic Internacional estava a punt de desfer-se de les mostres, perquè les guardava vuit anys. En aquest temps, podia analitzar-les de nou amb tècniques més sofisticades. I això és el que havia fet just al límit dels vuit anys. Segons el comunicat, van trobar-li *oxandrolone metabolite*, asteroides andrògens.

—Quina és la seva versió del que va passar a Atenes? Li van donar alguna substància prohibida els seus metges?

—Crec que és una estupidesa. Als Jocs Olímpics hi ha els millors laboratoris. Tenen vint-i-quatre hores per fer-te les proves. Et miren de dalt a baix. En ocasions, dues vegades, una a les classificatòries i l'altra a la final. I no em van trobar res. Com pot ser que després de tants anys aparegui una substància prohibida? Ni tan sols em van ensenyar aquests tests, a mi. No sé per què va passar, potser vaig ser víctima d'alguna mena de guerra política... És molt trist.

Svetlana Kriveliova va competir fins als trenta-sis anys. Als darrers certàmens i entrenaments hi va anar moltes vegades amb la seva primera filla, que s'avorria i potser per això no s'ha dedicat a l'esport. La segona filla té catorze anys i fa 1,90 metres d'alçada. Juga amb el millor club d'handbol del país, el de Rostov del Don. El fill petit, de petit no en té res: té tretze anys i l'últim cop que el van mesurar passava dels 1,92 metres. És porter d'hoquei, juga amb el club de l'exèrcit que hauria rivalitzat amb el de la seva mare, amb el CSKA. Svetalana Kriveliova moltes vegades ha d'explicar als pares de l'equip contrari que no estan fent trampes, que és un nen de tretze anys. Els fills petits només han vist les competicions de la mare gravades. «No n'hi ha per a tant, mama! Només llançaves una bola», li diuen. «Potser em podries fer uns llançaments perquè jo els aturi», li proposa el nen. «Quan siguis capaç de parar els tirs de la mama estaràs definitivament preparat per ser un porter professional d'hoquei», respon Svtelana Kriveliova.

Als nens els posa sovint la ràdio, Retro FM, i ja se saben moltes de les cançons soviètiques de la seva joventut. Si mai un dels seus fills puja al podi olímpic, sonarà l'himne rus. Però no aquell que li van posar a ella a Barcelona. Un que li agrada força més. Perquè una de les primeres decisions que va prendre Vladímir Putin com a president del país va ser instaurar l'himne de l'URSS com a himne nacional de Rússia. Això sí, li van canviar una mica la lletra per esporgar les referències a Lenin i al comunisme. S'exalten els ànims del passat, però amb mesura.

L'estocada final

Aleksandr Xirxov, esgrima

A LA MÀ ESQUERRA HI TÉ UNA PEDRA. Avança amb el grup. Els ulls, fixos en un únic objectiu. Llancen els projectils. El seu vola exactament fins allà on ha d'anar: al vidre de la comissaria. El fa miques. Quin llançament! L'alegria dura poc: els han enxampat. Aleksandr Sergueiévitx Xirxov acaba la tarda fitxat per la policia. És un grau més en el seu historial de gamberrades. I només té nou anys. Que figuri als arxius policials representa una desil·lusió terrible per a la seva mare. Ho han provat tot. Van intentar que descarregués l'excedent d'energia a natació. I no li va agradar. El van encaminar a un esport on el cos a cos fos més intens i amb velocitat per donar sortida a l'adrenalina, l'hoquei gel. També va plegar. «Intentem-ho anant més al gra», van argumentar, «que faci boxa!». Però tampoc. Res l'havia motivat més que buscar aventura i trobar problemes al carrer. Poc temps després que li obrissin aquella fitxa a la comissaria, li va arribar la proposta més interessant que li havien fet mai a l'escola. Un entrenador va entrar a la seva aula i va dir:

—Qui vol aprendre a lluitar amb arma blanca?

Per primera vegada, amb deu anys de vida, aixecava la mà amb interès a classe i mostrava predisposició a seguir les instruccions d'una activitat supervisada per un adult. Malauradament, aviat va quedar demostrat que la voluntat i el talent no eren vinculants. Era un desastre fent esgrima. L'entrenador s'havia plantejat molt seriosament expulsar-lo de les classes aprofitant que havia faltat sovint, encara que la justificació era ben raonable: havia estat malalt. Per si l'estampa no fos prou depriment, el club passava per un mal moment i el material per als nens era molt justet. A l'Aleksandr no li havia quedat altre remei que utilitzar unes manyoples normals i corrents, com les que duia per protegir-se del fred de Moscou. I aviat es va veure que l'equipament reglamentari no era un caprici. Un company d'entrenament, sense mala intenció, li va tallar la manyopla d'una estocada de sabre i li va fer una bona ferida a la mà dreta. L'entrenador s'hi va acostar pensant, segurament, que l'hauria d'haver fet fora i s'hauria estalviat aquell problema i altres de futurs que li portaria de ben segur aquell nen. Però l'Aleksandr va veure la lesió com una oportunitat.

—Permeti'm utilitzar la mà esquerra i així puc continuar entrenant, sisplau!

Aquella súplica ja l'havia expressat en altres ocasions sense èxit. Ell era esquerrà de tota la vida. Però, en aquella època, a l'URSS això de ser esquerrà s'intentava corregir de la mateixa manera que s'intentava prevenir un constipat o es recomanava un logopeda a qui no pronunciava bé les erres. Aquesta vegada, no obstant això, el motiu era poderós: o empunyava el sabre amb la mà esquerra o deixava d'entrenar. I va ser aleshores que es va veure renéixer, als onze anys, Aleksandr Xirxov, el gran espadatxí. Amb l'esquerra no tenia rival. Exhibia una agilitat endimoniada i convertia el sabre en una fulla invisible fins que es clavava allà on l'hi ordenava. Va començar a guanyar títols amb el seu club, el CSKA. De seguida va ser seleccionat amb l'equip nacional.

A principis de novembre del 1988 els van convocar a una reunió amb un agent del KGB. Per a ell, era la primera d'aquelles trobades prèvia a una competició internacional. Els va detallar totes les normes de comportament que havien de seguir quan fossin a l'estranger i el dia 7, aniversari de la Revolució d'Octubre, van abandonar Moscou coberta de neu. Tenia quinze anys quan va volar cap a un destí que pocs soviètics podien somniar: París. El va impressionar. Hi feia una temperatura molt agradable per passejar per davant d'aquells cafès elegants, admirar els bulevards, les *boutiques* i tot el conjunt, puntuat amb el símbol exclamatiu de la Torre Eiffel. Tenia la sensació que voltava pels carrers d'un conte de fades. I, amb l'encanteri, no es va adonar que els companys havien entrat en un establiment. De seguida, però, algú el va aturar:

—Sàixenka, que potser t'has perdut?

L'agent del KGB el va reconduir ràpidament a la realitat, cap a la botiga on hi havia la resta de l'equip. L'Aleksandr confiava que aquella despistada no comptés com a intent de desertar, perquè realment no havia estat la seva intenció. Simplement, havia badat i s'havia desorientat. Per sort, ell i aquell policia del Comitè Estatal de Seguretat es queien bé.

Xirxov era feliç amb aquella vida i encara ho va ser més, per comparació amb els seus amics no esportistes, quan va tenir l'edat de fer el servei militar. Per a ell, no va canviar res. Va seguir entrenant dos anys al CSKA, l'equip de l'exèrcit; anava guanyant galons amb les seves victòries, i, a més, cobrava un sou acceptable. Aquell servei militar era xauxa.

El 19 d'agost del 1991 la selecció d'esgrima estava concentrada a Pskov, a l'est de Rússia, a prop de la frontera amb Estònia. I un terratrèmol polític es va deixar sentir als entrenaments. A Moscou hi havia un cop d'estat en marxa contra les reformes de Gorbatxov i a les repúbliques bàltiques volien aprofitar la confusió del moment per avançar cap a la independència respecte de l'URSS. Al destacament de Pskov, a prop d'on entrenaven els tiradors d'esgrima, van mobilitzar els blindats soviètics cap a Tallinn. Van ser uns dies de desconcert, però Xirxov i la resta de companys van seguir amb la seva preparació.

En la concentració prèvia als Jocs Olímpics de Barcelona, amb l'URSS ja desballestada, no van poder preparar-se com sempre. Habitualment els titulars convivien amb un equip d'espàrrings, però aquesta vegada van haver d'organitzar els assalts entre ells. La situació s'anava precaritzant, però no van perdre la il·lusió i van seguir entrenant tan bé com van poder. Poc abans de celebrar el seu vintè aniversari, Aleksandr Xirxov es va plantar a la primera final olímpica. Si en l'àmbit nacional els combats de rivalitat màxima els oferien els enfrontaments CSKA-Dinamo, en l'àmbit internacional els dos equips que no es podien ni veure eren Hongria —una gran potència en aquest esport— i l'URSS. I, a Barcelona 92, l'equip hongarès va situar els seus tiradors en un ordre calculat perquè a Xirxov, que seria l'últim d'empunyar l'arma, li toqués de rival Imre Bujdosó. Es coneixien perfectament. Havien quedat aparellats moltes vegades i sempre amb el mateix resultat: derrota de Xirxov. No havia aconseguit vèncer-lo ni un sol cop. Per això aquell combat era també psicològic. Aleksandr Xirxov, sorprenentment, tenia moltes ganes de tornar-lo a tenir al davant, damunt la pista. I en una situació tan crítica com aquella a la Fira de Montjuïc. El company de l'Equip Unificat que l'havia precedit havia perdut els matxs, 5 a 4. A Xirxov li tocava remuntar el marcador contra Bujdosó, que li tenia la mida presa. A l'Olimpíada anterior, la de Seül del 1988, l'or també va ser un duel entre esgrimidors soviètics i hongaresos. Aleshores ho tenien tot de cara, perquè l'equip roig havia guanyat els primers enfrontaments. No obstant aquell avantatge, en l'últim assalt, el triador hongarès va vèncer clarament i l'or que havien acaronat va acabar penjat al pit de Bujdosó i el seu equip. Xirxov no va ser en aquells Jocs. I ara que arribava el moment decisiu, a la final de Barcelona, tenia un pensament inconfessable. Havia desitjat la derrota dels seus companys de l'Equip Unificat. Sí, volia notar que tota la responsabilitat de la revenja passava pel seu sabre. I aquell prec escabellat li havia estat concedit fins al punt que els soviètics —tècnicament ja no eren soviètics, però ells se'n consideraven— semblaven condemnats, uns altres Jocs, al segon lloc del podi. I aleshores va passar el que ningú esperava. El jove Xirxov va començar a esquivar i a aturar-ho tot i a trobar la manera d'enviar la fulla flexible de la seva arma una vegada i una altra al cos de l'hongarès. Va situar un 4 a 0 al seu favor. Si feia un punt més, un 5 a 0, la medalla d'or seria per a l'Equip Unificat. La seva sort es decidiria en qüestió de segons, perquè un dels atributs d'aquest esport és que tot passa a una velocitat endimoniada.

Els dos esportistes estan en guàrdia. Imre Bujdosó decideix atacar. Llança la cama dreta endavant amb energia i a la vegada estén el braç dret. Xirxov fa una minireculada i aconsegueix desviar enfora el sabre de l'hongarès que el perseguia i, seguidament, a la velocitat d'un llamp, venç la inèrcia del retrocés i es tira endavant reconduint la mà esquerra cap al cos del rival, aprofitant que el tenia al descobert. És l'estocada final, un moviment mestre, la rúbrica d'un combat excels. Bujdosó no se'n sap avenir. Xirxov s'ajup, es treu la careta de malla metàl·lica amb la dreta i aixeca l'arma amb la seva mà infal·lible, amb l'esquerra. Salta posseït per una eufòria que no ha experimentat mai abans. Ni ell ni el 99% dels habitants del planeta. Aquell és un esclat genuí. Els seus companys d'equip el mantegen, s'eleva cap al sostre del Palau de la Metal·lúrgia de Montjuïc. L'escena quedarà fixada com el moment més feliç de la seva vida.

—Com et va canviar la vida aquella victòria?

—No em va conduir a res de bo —respon amb franquesa.

Aleksandr Xirxov va tornar flotant a Moscou. Els tres primers mesos se'ls va passar celebrant la medalla de brindis en brindis. L'alegria desmesurada li va durar vuit mesos. L'esport havia deixat de ser una prioritat fins que l'entrenador li va dir:

—Tens només vint anys. Potser hauries de centrar-te i tornar, no?

Va assentir, però ja no va poder trobar mai més l'estat mental que requereix la competició. Sí, encara va sumar un Campionat del Món. Però amb dinou anys ja havia marcat el seu màxim. Com a mínim, el seu màxim de felicitat. Tenia tan clar que aquell èxtasi no l'experimentaria mai més que va anar perdent la motivació, era absurd perseguir-lo. S'havia buidat a Barcelona. A partir d'aquell moment, tenia rivals al davant a qui tècnicament i tàcticament podia guanyar. Però no ho desitjava amb la força necessària. Pozdniakov, ara president del Comitè Olímpic Rus, o Kirienko, que havien compartit podi amb ell a Barcelona, es convertirien en el futur en llegendes d'aquest esport. Però ell ja no era aquell noi apassionat de la competició, i els entrenadors ho havien notat.

Amb aquest estat mental va transcórrer bona part de la seva carrera fins que van arribar els Jocs de Sydney, que es van situar més tard en el calendari del que és habitual per adaptar-se a les condicions climàtiques de l'hemisferi sud. Serien al setembre. Aquesta circumstància va resultar fatídica per a Xirxov. El seu aniversari era el dia 25 d'agost. I, malgrat que l'equip rus ja estava fent la concentració de preparació per als Jocs, ell va celebrar la data del seu naixement amb tot el beuratge que va considerar merescut. No li van perdonar la ressaca. Va ser expulsat de l'equip i ja no va viatjar a Austràlia. Era el punt final a la seva carrera i el va entomar com una mort anunciada, sense oposar-se al destí que havia quedat escrit a Barcelona. Els seus companys van guanyar l'or a Sydney per a Rússia.

Ara Aleksandr Xirxov és entrenador en una escola d'esgrima que finança l'Ajuntament de Moscou. És aquí on ens ha atès, malgrat que en un moment de la nostra llarga conversa ens ha dit: «Jo no concedeixo mai entrevistes. Però aquells dies a Barcelona van ser el moment més brillant de la meva vida. I no tan sols pel meu resultat, sinó per com ens va acollir la ciutat. Per això he acceptat trobar-me amb vosaltres».

Entre els seus alumnes hi ha la persona que li sembla més complicada d'entrenar de tot el planeta: el seu fill gran. Però no els ha anat gens malament. Ja és campió del Món junior. A tots els nois i noies els entrena a la manera de l'escola soviètica.

—El sistema es va desenvolupar als anys seixanta a la Unió Soviètica i al món encara no hi ha manuals com aquells de teoria i tècnica d'esgrima. David Abramóvitx Tixler va sistematitzar tota la teoria i els mètodes pràctics. En el nostre esport encara vivim gràcies a tot l'engranatge que es va construir en aquella època. Posteriorment el van destruir del tot, ja no té mans, ni cames, ni cap. Però encara funciona com un robot, és un Terminator que s'arrossega mecànicament. És per inèrcia que el nostre equip, després de Barcelona, va guanyar a Atlanta i a Sydney. Amb la desintegració de l'URSS, molts entrenadors havien marxat als Estats Units, a Alemanya o al sud-est asiàtic, però el sistema era tan bo que aguantava amb els segons entrenadors i els ajudants. Això sí, el talent ja no es multiplicava, simplement es resistia a desaparèixer. De fet, els nostres contrincants americans o alemanys ens acostumaven a dir: «Es pot saber com us ho feu? Sempre esteu tranquils, bevent quan podeu i guanyeu!». I nosaltres responíem: «Va, veniu a fer un glop amb nosaltres i us ho explicarem». Sembla un acudit, però funcionàvem així i era una manera de fer que s'anava transmetent. De fet, l'equip amb el qual vam anar a Barcelona no va estar cohesionat fins que l'entrenador va agafar com a excusa un aniversari i vam estar tres dies bevent junts. Recordo que vam escoltar molt Deep Purple, tot i que a mi no m'agradava. I la rivalitat que hi havia, totes les friccions, van desaparèixer. Ens vam fer amics gràcies a aquella festa. En la nostra disciplina, que és complicada, ara hi pot haver algun bon artesà, però no una sistematització clara del coneixement que serveixi de manera transversal per a tothom. I a l'URSS teníem això, entrenadors molt professionals amb un sistema sòlid, científic, que aprenien a l'Institut d'Educació Física i que s'estenia per tots els clubs: CSKA, Dinamo, els dels sindicats... Calia ser bo a nivell del teu club. I després, havies de destacar en l'altra xarxa, la de cada territori nacional: Rússia, Ucraïna, el Kazakhstan... I així és com s'arribava a l'equip nacional. Hi ha qui menysprea aquelles tècniques soviètiques com si fossin de l'edat de pedra, però només s'han de veure els resultats que donaven. Per això, tant és quants diners vulguin abocar als nostres futbolistes. Ara no tenim una bona tradició en l'escola futbolística. No jugarem com el Barça. Per què volem copiar mètodes occidentals quan en teníem un que ja ens funcionava i que era la nostra tradició? Un cop es va trencar aquesta cadena a través de la qual heretàvem una tradició, tothom va quedar perdut en el desert.

Abans de marxar del gimnàs, em mostra la sala on entrenen els seus alumnes i em deixa agafar el sabre. Ens fem una foto. Hi ha un punt de tristesa en el rostre i el to de Xirxov. Com si avancés sense esma pel seu desert buscant en l'horitzó un oasi de felicitat anomenat Barcelona.

La ballarina al vaixell

Aleksandra Timoixenko, gimnàstica rítmica

—TÉ UNA ARTRITIS REUMATOIDE POC COMUNA.

L'Aleksandra tenia cinc anys quan va sentir pronunciar aquestes paraules a la consulta del metge, el 1977. No les va entendre. Si som sincers, els seus pares (ell, enginyer, i ella, comptable) tampoc van saber llegir el diagnòstic i per això van demanar al metge que fos més específic.

—Pot ser que estigui temps sense poder caminar i hem de vigilar molt que no li baixi la immunitat, perquè aleshores acabaria en una cadira de rodes per sempre. Aquí a Boguslav no hi podem fer gaire res més. Per la complexitat de la dolència de la vostra filla, el millor seria que la veiessin a Kíiv.

Mentre els pares discutien a la cuina com calia procedir, la petita Aleksandra, al menjador, mirava uns dibuixos que passarien a ser els seus preferits, *La ballarina al vaixell*. La nau surt de port i una noia està a punt de perdre-la, però s'hi enfila *in extremis* gràcies a un gran salt espagat. La jove passeja per la coberta, estilitzada, fent puntes i exercicis de ballet que deixen els mariners bocabadats. El timoner prova d'imitar-la i va a parar a l'aigua diverses vegades. La ballarina, amb moviments de gran bellesa, cada vegada es deixa anar més fins que els seus salts queden suspesos a l'aire. Vola. Els tripulants i els passatgers se la miren embadalits, tant com l'Aleksandra que somnia a poder-se bellugar com ella. Però quan a la pantalla hi apareix la paraula *Konets* ('final'), ella segueix lligada a la butaca amb una cama immòbil.

L'Aleksandra es va passar mig any estirada al llit i els seus pares van prendre la decisió d'instal·lar-se al capital de la República Socialista Soviètica d'Ucraïna. Tenia sis anys quan la doctora, a Kíiv, li va recomanar exercitar l'aparell locomotor i enfortir el cos, que estava debilitat fins a l'extrem. La Saixa va aficionar-se a un programa de televisió d'educació física, pensat perquè les mestresses de casa fessin exercicis. Un dels que li agradava consistia a lligar un llaç dels cabells a un bolígraf i moure la mà dibuixant formes a l'aire. Quan la seva condició havia millorat una mica, li van recomanar escollir algun esport, descartant, això sí, un dels que l'atreia, el patinatge artístic sobre gel, perquè el fred no li hauria fet cap bé. Es va decantar per la gimnàstica. L'esportiva no li va agradar i es va passar a la rítmica. Va començar amb vuit anys i el primer dia de gimnàs feia cosa veure-la. Era tan fràgil que, malgrat que pesava poquíssim, la pregunta pertinent era si es podria sostenir dreta gaire temps. Però va ser allà que va començar un cercle virtuós imparable: com més exercici feia, millor es trobava, i, com més bé se sentia, més li agradava exercitar-se. Aquella nena de vidre, tres anys després, ja era a l'equip nacional júnior. No tan sols hi era. Va fer una progressió meteòrica. A banda d'un talent colossal, el que la catapultava més enllà que la resta era el seu passat, que tenia molt present. Quan l'entrenadora deia «Vinga, va, una altra vegada!», la resta de nenes patien. Però ella no. Ella sabia que el patiment era una altra cosa. Eren les fiblades de dolor que li havien enviat les seves articulacions quan estava postrada. El patiment era observar al parc els nens corrent amunt i avall i no poder afegir-s'hi. Patir era notar que el cor al qual no feia treballar, perquè amb prou feines sortia del llit, sovint bategava de manera estranya. Per això, allà al tapís, notar el dolor dels exercicis de flexibilitat era un plaer, perquè servien per arribar més enllà. Es deia: «Mira què puc fer ara!». Repetir una pirueta fins a la sacietat l'engrescava perquè el resultat era prodigiós.

Tenia dotze anys quan va actuar en un torneig per primer cop a l'estranger, a Hongria. El que més li va agradar d'aquella experiència és que es va comprar una jaqueta i uns texans que no hauria trobat a Kíiv. A aquella edat, el seu sou era equivalent al de la seva mare. A la Unió Soviètica, d'un nen que fes esport s'esperava que arribés al nivell màxim. També de qualsevol alumne que entrés en un conservatori de música. En molts casos, no es tractava d'una extraescolar per acabar d'omplir l'agenda o oferir-li una formació més completa. Era una prospecció del seu talent, era activar la maquinària per comprovar si podia arribar a ser un dels millors del món.

Amb aquella injecció de moral afegida que tenia Alekasandra Timoixenko amb cada progrés que feia, va arribar veloç a la selecció nacional absoluta i no va trigar a deixar clar que a la Unió Soviètica era la millor gimnasta. I això, ja sabem a què equivalia. La primera prova important li va arribar en any olímpic, el 1988. Tenia setze anys i al Campionat d'Europa de Hèlsinki es va alçar amb quatre ors, entre els quals, el més important, l'individual. Va ser la millor en el conjunt de les proves. Aquella gran actuació, però, li va comportar el primer desassossec de la seva carrera esportiva. Perquè va arribar als Jocs Olímpics de Seül amb l'etiqueta de gran favorita. Tothom la donava per guanyadora abans de començar i això li va generar una pressió que no havia experimentat abans. El món no sabia que el sol fet de caminar per a ella ja era una fita. L'únic que esperaven de la nova joia soviètica els entesos en gimnàstica rítmica era l'or olímpic. I hi va haver una gran decepció quan va aconseguir *només* el bronze. També era veritat que la seva companya d'equip, Marina Lóbatx, havia tingut realment el seu dia i els jutges la van premiar amb un 10 en cadascun dels aparells. Només havia deixat opcions a empatar-la, però no a superar-la. En qualsevol cas, qui sabés mirar-s'ho amb perspectiva, estaria satisfet de Timoshenko. El doctor del seu poble d'Ucraïna se n'hauria fet creus si mai li haguessin dit que aquella nena arribaria a l'elit de qualsevol esport. Però allò formava part de la seva vida íntima. I ara hi havia cares llargues per un bronze! El cert és que ella no estava satisfeta. I el pitjor era que aquell era un malestar que no podia corregir de manera ràpida. Caldria esperar com a mínim fins a Barcelona 92.

Va seguir treballant amb la intensitat que s'imposava a l'URSS:

—De 8.30 a 10.00 ballet a prop de la barra i de les espatlleres i coreografia.

—D'11.00 a 13.30 estudis.

—De 14.00 a 19.00, segona sessió d'entrenament.

Aquest era l'horari de manteniment a Kíiv, el de les èpoques en què no hi havia competicions importants. Quan s'acostava el cicle d'Europa, d'un Mundial o dels Jocs, passaven a estar *tancades*, segons la paraula que utilitzaven algunes de les noies. Quedaven concentrades a les instal·lacions de Novogorsk, a prop de Moscou, i la jornada laboral s'enduria:

—De 8.00 a 10.00 coreografia.

—Temps per esmorzar.

—De 10.30 a 13.30 entrenament.

—Pausa per dinar.

—De 15.00 a 18.00 segon entrenament.

Les classes de l'institut amb els professors que tenien a les instal·lacions d'entrenament quedaven fora d'hores. Quan s'acostava un campionat important repetien cada aparell vint vegades per sessió. Com que n'hi havia quatre, executaven diàriament vuitanta vegades la rutina que haurien de presentar a competició. Es tractava d'automatitzar les coreografies a un nivell que, encara que sorgís un imprevist, si es marejaven o hi havia una petita errada, sabessin sobreposar-se i completar l'exercici de manera mecànica. Acabaven les sessions d'entrenament amb tremolors a les cames i als braços, totalment exhaustes. I a les vuit del matí, a tornar-hi. Per primer cop, l'Aleksandra va començar a pensar si no havia arribat al punt que ja estava castigant excessivament un cos que no ho mereixia, que ja havia patit molt als primers anys d'existència. No tan sols era la fatiga de l'entrenament. Era, també, superar l'adolescència mantenint el pes en una línia asfixiant. I mantenir-lo a ratlla també d'altres crides, perquè aquell règim sacrificat els deixava quatre setmanes lliures l'any. Era gairebé impensable, per exemple, que les papallones del primer amor emprenguessin el vol. Però va decidir prosseguir una mica més, perquè, des de Seül, el far li mostrava el mar de Barcelona.

Al Campionat del Món del 1991 va aconseguir diversos ors, però en la prova individual, la que marcava la millor gimnasta rítmica del planeta, va quedar segona. El 1992 va ser un any llarg. La situació a Ucraïna, on vivia i es preparava diversos mesos cada any, s'havia deteriorat ostensiblement amb la caiguda de l'URSS. Tot s'havia tornat més fosc i més fred. Hi havia problemes amb el subministrament de gas i d'electricitat. No hi havia llum al gimnàs i a l'hivern entrenava amb tres capes de roba. Els recorreguts des de casa i cap a casa els feia també en la foscor i era més tenebrós que mai pujar al troleibús. Al pis intentaven escalfar-se a la cuina amb els fogons. Va tornar el dolor de cames i d'esquena. Si empitjorés... Malgrat que havia aconseguit ja per a Ucraïna les primeres medalles d'or i de plata al Campionat d'Europa, el país no li podia agrair els èxits. Va deixar de pagar-li el sou. Va entendre que amb només l'amor a la pàtria ho passaria malament i va optar per participar únicament en aquells certàmens més comercials que tenien bons premis per als vencedors. Així va sobreviure fins a l'estiu, decidida a treure's l'espina de Seül. Anava a Barcelona a lluitar per l'or que estava convençuda que tenia a l'abast si la pressió no li jugava una mala passada. La seva gran rival era la compatriota ucraïnesa Oksana Skaldina, que l'havia superat en el darrer Campionat del Món, i la búlgara Maria Petrova, que l'havia guanyat en l'Europeu de Stuttgart poques setmanes abans. Si totes competien al seu màxim nivell, Timoixenko era la favorita.

La final s'obre amb l'exercici de corda. Les seves gambades són refinades; els llançaments delicats i majestuosos, i les recepcions, mil·limetrades. És la millor versió de Timoixenko i obté una puntuació que ja la situa en primera posició: 9,950. El segon aparell és el seu preferit, el cèrcol, perquè el considera menys capriciós en els vols que la corda o les masses. Mentre s'acosta al tapís, els espectadors que segueixen la transmissió en català poden escoltar la comentarista Anna Cler dient que la ucraïnesa té «aquesta figura tan esvelta, tan elegant, però amb una cara que sempre hem pensat que és una gimnasta trista». Timoixenko broda un exercici impecable. De nou, un 9,950. Arriba a l'equador amb un avantatge molt considerable sobre la resta de les finalistes. Tot just a l'inici del següent aparell, el llançament de la pilota no l'amorteix amb el pit com estava previst i, en comptes de rodolar suaument cap a les mans, rebota i li cau a terra. És una errada greu. El malson de Seül i el de l'últim Europeu plana pel Palau d'Esports de Barcelona. El seu cervell, la seva psicologia, a prova. Sap que ha perdut entre 0,1 i 0,3 dècimes. Encara és la primera classificada, però li queda tot l'exercici per endavant. És aquí on ha d'activar els automatismes de tantes i tantes repeticions diàries. Quantes vegades ha fet aquesta coreografia en el darrer mes? L'ensopegada no li ha fet perdre l'elegància en els moviments. Intenta actuar sobre segur fins al final. Tanca l'exercici de manera molt correcta: 9,700. Continua sent la favorita, tot i que la més estimada per a la majoria dels 6.500 espectadors és l'espanyola Carolina Pascual, que lluita per la segona posició amb Skaldina, la més xiulada perquè no sembla del tot conforme amb la puntuació dels jutges. Ja només queda un aparell, les maces. De les gimnastes que aspiren al podi, Aleksandra Timoixenko és la primera a participar. I no falla. Combina elegància amb seguretat. Es mou amb la gràcia de *La ballarina al vaixell* dels dibuixos animats de la seva infantesa i converteix les seves rivals en els mariners que la volen imitar sense aconseguir-ho. Mereix un altre 9,950. Les altres finalistes ja no hi poden fer res. Encara que obtinguin un 10, no la podran atrapar. La bona actuació de Carolina Pascual (9,775) només serveix per enviar la vigent campiona del món, Skaldina, al tercer lloc. Al podi sona l'himne d'Ucraïna. Ella hauria preferit el de l'URSS, ja que es considera una esportista del sistema soviètic. Han estat els metges esportius i les entrenadores de l'escola soviètica els que l'han ajudat a arribar on és. Anna Cler narra la seva superioritat «indiscutible, és una gimnasta d'una altra galàxia». Timoixenko, més que eufòrica per l'or, se sent alleugerida perquè ha fet la feina que s'havia imposat. Per fi ha materialitzat el pla programat, i només ella sap quin miracle acaba d'aconseguir. Aquella ha estat la seva última actuació. Ja ho té decidit. Acceptarà el contracte que li han ofert a Alemanya i començarà a donar un respir a aquell cos que als cinc anys va estar a punt de deixar-la immòbil.

Aleksandra Timoixenko ara viu a Àustria. Segueix fent esport perquè és bo per a la seva salut, però, és clar, a un altre ritme. A la seva filla gran la va entrenar personalment, però ho va deixar quan tenia catorze anys.

—M'hauria agradat que seguís els meus passos si hagués vist que això està fet per a ella. Tenia el talent, però no el desig. Potser l'explicació és que ara tenen una vida més còmoda i no veuen cap motiu per maltractar-se. A Europa, els nens no són així, i això que ara les gimnastes tenen una mica més de vida paral·lela que la que se'ns permetia a nosaltres. Però a la meva filla l'hauria d'haver forçat a sacrificar-se per arribar lluny i no ho vaig voler fer. Jo, de petita, era el contrari: ho hauria fet tot per anar a entrenar. I, en general, els grans esportistes són aquells que volen aconseguir els resultats per ells mateixos. No cal empaitar-los gaire. La meva filla gran prefereix els idiomes. L'altra és encara molt petita. I li transmetré també l'amor cap a la gimnàstica. Ja veurem on arribarà...

Dedueixo que, malgrat el pas del temps, dos vectors segueixen lluitant en l'ànima d'Aleksandra Timoixenko: la nostàlgia de l'afany de superació i de la glòria olímpica, i el pòsit dolorós i trist de les mil renúncies per aconseguir-la.

Disciplina militar

Talant Dujshebàev, handbol

Entre els pitjors enemics d'un esportista, hi ha les lesions. Tallen carreres, dobleguen trajectòries o, en la seva versió més suau, sembren camps de dubtes. No obstant això, no cal tenir la sang enverinada per constatar que són també un bon aliat dels talents que esperen a segona fila. I va ser gràcies a un reguitzell de lesions entre els veterans que, amb només setze anys, Talant Dujshebàev va debutar al primer equip d'handbol de Bishkek, el Burevestnik.

Aquell adolescent va despuntar de seguida com un dels millors jugadors del Kirguizistan. A l'equip més poderós de l'URSS, el CSKA, el jove talent no els va passar desapercebut i van esperar furtivament, com bons caçadors, el moment de capturar-lo. Quan a Dujshebàev li va arribar l'edat de fer la mili i d'entregar dos anys de la seva vida a la pàtria, el van cridar a files, a les del CSKA. Si hagués estat una proposta l'hauria rebutjat en un minut, perquè no volia pas marxar del Kirguizistan. Però el que li havien comunicat era una ordre. I, en el seu cas, que amb divuit anys tenia l'etiqueta de promesa i no la d'estrella ja lluent, de seguida va comprovar el pa que hi donaven a l'equip dels militars. L'havien convocat a finals d'agost, i com que no volia fer aquell canvi de vida de Bishkek a Moscou s'hi va acabar presentant a finals de novembre. La primera xerrada amb el club va servir per comunicar-li el càstig de quaranta-cinc dies a la caserna per fer la instrucció militar amb els joves que no havien estat reclutats per cap club i havien de fer tota la mili. Va ser un primer avís. Però Talant Dujshebàev va necessitar una mica més de temps per entendre nítidament què significaven els rangs a l'exèrcit i que li quedés clar que el seu entrenador en tenia un de ben alt, encara que anés sempre vestit amb xandall. Cada vegada que no feia exactament el que li dictava, quan el seu rendiment no era l'esperat o quan se li escapaven comentaris sobrers —i aquest era el seu principal problema, perquè en Talant tenia caràcter—, tornava a la caserna. La primera temporada a l'equip de l'exèrcit, el CSKA, el soldat ras Dujshebàev va fer gairebé mig any de mili.

La temporada 1986-1987 hi va haver una jornada que li va aclarir força les idees. L'equip va tenir una tarda de glòria. Van guanyar una semifinal complicada de la Recopa d'Europa i es van situar en una final que els enfrontaria contra l'equip de Zuric. Aquella copa la van aixecar, però no ens avancem i seguim encara en l'eufòria d'haver guanyat la semifinal. Mentre el benjamí de l'equip va enfilar camí de la residència dels esportistes, la majoria dels jugadors més experimentats, que ja gaudien dels pisos que el Govern els havia entregat per ser esportistes de primer nivell, van estar d'acord que allò s'havia de celebrar sense timideses. Quedaven uns dies per a la final i aquella victòria que ja era al sac calia assaborir-la. Un grup de gegants amb les seves dones van destinar la nit a escurar gots de vodka amb la mateixa contundència que havien perforat la xarxa de l'equip rival unes hores abans. La notícia que l'entrenador havia convocat amb traïdoria entrenament per a l'endemà a les deu del matí ja la tenien quan seguien proposant un brindis rere l'altre. No va quedar cap gol sense homenatjar.

El despertar va ser un martiri per a mitja plantilla. Des de l'última butaca de la pista, qualsevol espectador hauria notat la diferència entre l'agilitat dels moviments i la potència dels llançaments de la semifinal que havien disputat setze hores abans, i com de travades tenien les cames i els braços ara. N'hi havia un parell que mostraven dificultats per fer botar la pilota. Feien patir. Talant Dujshebàev estava tan fresc com sempre i molt content d'estar a punt de disputar una final tan important. Per això, quan l'entrenador va descarregar contra el més jove la ira que hauria d'haver abocat en una altra direcció, va respondre.

—De veritat que avui té queixes de mi? Potser jo no soc medallista olímpic, ni he guanyat el Mundial, com alguns dels meus companys, però és increïble que m'esbronqui a mi avui! Increïble!

Va tocar caserna, però aquesta vegada... a Sibèria! El viatge no l'oblidarà mai. Quatre dies amb les seves tres nits en tren, en unes condicions que ni el bestiar hauria trobat acceptables. Però això no era el que més el preocupava. Donava la seva carrera per acabada. La paraula *Sibèria* representava un daltabaix. L'abisme. No sabia quant temps s'hi hauria d'estar, però intuïa que li farien pagar allà els divuit mesos de servei militar que, teòricament, li quedaven. Era l'adeu a la seva carrera esportiva.

Va baixar abatut a l'estació, que no era encara el destí final. A Sibèria tot està sempre més enllà i li calia passar sis hores i mitja en un autobús per arribar a un lloc al qual no li sabia posar nom. No era poble ni ciutat. Mirés cap a on mirés només hi havia taigà, recoberta de neu, de molta neu. Finalment, uns punts de llum grocs llunyans li van indicar l'emplaçament escollit per l'Exèrcit Roig per tenir-hi aquelles dependències militars. La carrera esportiva somniada havia quedat enterrada sota un oceà de pins nevats.

Les primeres vint-i-quatre hores van ser un turment psicològic. Si a aquell dolor s'hi anaven acumulant hores, dies, mesos, un any i mig... el pes seria insuportable, no sabia com se'n sortiria. Però la rutina que ja endevinava va quedar trencada a la tercera jornada amb una cita inquietant. El cridaven a veure el coronel.

—Noi, no sé qui diantre ets, però has de sortir disparat cap a Moscou. Es veu que allà ets més necessari que aquí.

Pel motiu que fos, l'entrenador el volia de nou a les seves ordres. Potser s'havia enfadat amb un dels jugadors que ocupava la seva posició, potser havia volgut escarmentar-lo i prou... No hi va haver explicacions, però tant li feia, l'important era que tindria una altra oportunitat. Era fosc, però no va esperar la llum del matí per fugir. Va marxar caminant i durant uns minuts va lamentar aquella decisió precipitada. No era només la neu i el fred allò que el preocupava. No havia comptat que aquells udols només podien ser cosa dels llops. El seu caràcter decidit i explosiu l'havia portat a una situació límit... fins que un camió conduït per l'àngel de la guarda va passar per aquella mateixa carretera.

En el trajecte de tornada va tenir quatre dies sencers per acumular consideracions que es podrien resumir en poques paraules: l'entrenador mana i jo obeeixo. No es tracta de qui té raó, no entrem en valoracions sobre la justícia, l'ètica o la moral. Si ell diu A, encara que sigui en contra de totes les lleis de l'univers que indiquen B, haurem d'acceptar la primera lletra de l'abecedari. Es tracta de sobreviure.

Però el seu temperament juvenil va acabar obrint esquerdes al que li havia semblat una resolució de formigó. I va arribar el dia en què va tornar a manifestar la seva discrepància amb el comandant de l'entrenament. El càstig, per sort, el compliria a Moscou. Però, per desgràcia, ara ja no el destinaven a avançar etapes d'instrucció, ni a fer maniobres que al capdavall el podien mantenir més o menys en forma. Ara l'enviaven a una part de les instal·lacions militars que encara no havia visitat: el calabós. Quatre dies tancat com un criminal.

Malgrat aquestes sessions punitives que ens han cridat l'atenció, hi havia un fet incontestable per a qualsevol jugador de la tropa, oficial de l'exèrcit o aficionat del CSKA: aquell jove s'estava fent un home i jugava a handbol com ningú. Era un central amb una intel·ligència innata. Marcava el ritme de l'atac, dibuixava assistències impossibles en un instant i quan, amb el seu 1,83, s'enfrontava a una barrera d'homes que es pentinaven a 2 metres d'alçada, els que patien eren aquelles torres, que intentaven caçar mosquits mentre la pilota teledirigida per Dujshebàev passava entre les seves grapes fins a estimbar-se a la xarxa. Quan els defenses rivals i els porters es giraven després d'un tir seu, la piloteta sempre era allà dintre, a la porteria.

El CSKA es va acostumar a guanyar i, a finals dels vuitanta, era un dels millors clubs d'handbol d'Europa. Talant Dujshebàev gaudia i, malgrat que no li pagaven encara un sou, li entregaven xecs per comprar productes i anar a restaurants que poca gent que treballava tot el dia en empreses estatals soviètiques es podia permetre. Un al·licient afegit eren els viatges al món capitalista. Per a Dujshebàev tenien com a objectiu principal, per davant del turisme, fer negoci. Les sortides de l'hotel eren sempre en grup i acompanyats per l'agent del KGB. Però se les empescaven per trobar botigues on podien comprar el producte que més rendiment els donava: els reproductors de vídeos VHS i les cintes amb pel·lícules occidentals. Ho compraven a un preu i ho revenien com si fos or de tornada a Moscou.

La vida somreia a en Talant en tots els sentits. Seguia prosperant amb el CSKA i anava ja sempre seleccionat amb el primer equip nacional soviètic. Sovintejaven, fins i tot, les ofertes de clubs estrangers que el volien fitxar, però sabia que allò era una línia vermella. Encara que aconseguís marxar, representava una ofensa per a les autoritats soviètiques i temia que les conseqüències les poguessin pagar els seus familiars. Per això no escoltava aquells cants de sirena. A Moscou, el Govern ja li havia entregat un pis i sabia amb qui compartir-lo. Festejava amb la portera de l'equip d'handbol Lutx, de Moscou. També una figura! L'any 1990 es va convertir en campiona del món amb la selecció soviètica, un títol que el seu xicot no havia aconseguit.

Amb la caiguda de l'URSS a en Talant li va arribar la possibilitat de firmar, sense prendre mal, un contracte amb algun dels equips que li anaven al darrere i va optar pel Teka de Santander. La ruta ja estava traçada. Després dels Jocs de Barcelona, es quedaria a viure a Espanya. També havia de ser olímpica la seva dona, però una notícia inesperada els va obligar a canviar de plans: estava embarassada. A l'equip masculí hi havia també baixes importants. Alguns dels pesos pesants de la selecció i vigents campions olímpics havien desertat (Nésterov, Tutxkin, Tioumentsev...) i va viatjar a Barcelona un equip molt jove. Als Jocs del 92 van demostrar de què els havia servit la disciplina castrense. El capità d'aquell batalló es deia Talant Dujshebàev.

El primer partit, a Granollers, els va enfrontar a Alemanya. Els van escombrar 25 a 15. El dorsal 10 de l'Equip Unificat, Dujshebàev, va ser el màxim anotador amb 7 gols. El rival següent va ser complicat, un equip emergent, França. El resultat va ser molt ajustat, 22 a 23, amb victòria per als exsoviètics amb 9 dianes de Dujshebàev, de nou el màxim golejador. També ho va ser, amb 8 llançaments mortals, davant d'Egipte. Victòria, 22 a 18. A Espanya molts la veien com una de les favorites, però l'Equip Unificat la va doblegar 18 a 24, ara amb Gopin com a anotador destacat. També van vèncer Romania (27 a 25) amb 6 gols d'en Talant. I així es van plantar invictes a la semifinal al Palau Sant Jordi, on se les van veure amb Islàndia. 9 gols de Dujshebàev van certificar el pas a la final. Cara a cara contra la poderosa Suècia. No va ser el millor partit de l'Equip Unificat, però van ser igualment millors que els suecs. Es van endur l'or i Talant Dujshebàev va ser coronat com l'home més perillós en atac de tota la competició amb 47 gols. Començava la llegenda del que seria escollit anys més tard segon millor jugador d'handbol del segle XX.

La vida al que havia estat l'URSS s'havia complicat molt després de la dissolució del país i milions de ciutadans estaven desconcertats. A Talant Dujshebàev li semblava que el que havia llegit i sentit sobre el Chicago dels anys trenta no podia ser pitjor que els perills que es veien a qualsevol hora i a qualsevol carrer de Moscou. En comparació, la nova vida a Santander era un oasi de pau gairebé irreal. Tres anys després, ja tenia la nacionalitat espanyola i va canviar la samarreta de la selecció russa per la d'Espanya.

A Talant Dujshebàev l'hem enxampat a Polònia, és entrenador del Kielce, un equip amb dues figures importants, que són els seus fills, Daniel i Alex. Després de repassar tota la seva vida esportiva, amb l'expulsió a Sibèria inclosa, quan li pregunto quin és el millor equip on ha estat, el que li genera un record més dolç, em respon l'últim que esperava.

—El CSKA, és clar. És el club més gran que he vist, i no parlo de la secció d'handbol, sinó de totes juntes; no hi ha hagut res igual. En totes les disciplines tenien un nivell molt alt. I aquest és el secret del perquè l'URSS va guanyar a Barcelona. La formació esportiva que teníem a la Unió Soviètica des de molt petits era magnífica. El Govern tractava tots els esports amb la mateixa importància, tret, potser, del futbol i l'hoquei gel, que sobresortien una mica. Però l'atenció que el Govern donava a totes les disciplines en general i des de les etapes infantils era molt alta. La clau de l'èxit és que hi havia entrenadors professionals molt ben formats que eren entusiastes i estaven ben pagats. I com millor preparaven els equips, més primes cobraven. El sistema era tan bo que ens vam acostumar a guanyar, guanyar i guanyar. El segon lloc no existia. L'URSS era una fàbrica de cracs. I amb molta disciplina ens van generar un caràcter guanyador. Fins i tot penso que tots els càstigs que vaig rebre tenien una explicació. Jo era ruc i parlava massa. Estic profundament agraït al CSKA. He conegut la dictadura i he conegut la democràcia. I cap de les dues coses no és bona en excés, perquè del que m'he adonat del meu pas com a jugador i entrenador per diversos països és que la democràcia extrema condueix a l'anarquia. La barreja dels dos sistemes, escollir el millor de cadascun, és segurament el millor en el món de l'esport.

Massa alta i massa baixa!

Ielena Xvaibóvitx, bàsquet

MÉS EMOCIONADA NO HO PODIA ESTAR. El seu desig de ser patinadora es materialitzaria de manera imminent. El seu pare, per fi, havia agafat el toro per les banyes i es dirigien a una de les escoles de Minsk. Allà, la comissió que seleccionava les nenes, de bon principi, no es va fixar tant en Ielena Xvaibóvitx com en el pare.

—Vostè deu fer 1,80 d'alçada, oi?

—Gairebé, 1,78.

Es van mirar entre ells. S'havien entès.

—Ielena, et demanarem que facis uns exercicis per a nosaltres, d'acord?

—D'acord. M'he de posar els patins?

—No, no. Són exercicis d'estiraments i de flexibilitat.

Va fer el que li van demanar i va arribar el veredicte.

—No ens podem quedar la seva filla. Els seus paràmetres antropomètrics ens fan pensar que serà si fa no fa alta com vostè. No tindrà un cos per al patinatge artístic. I aquests pressentiments els hem confirmat amb les proves de flexibilitat. No ha arribat als mínims que demanem a les esportistes que ingressen a les nostres classes. Ens sap greu.

La Unió Soviètica posava mitjans perquè les famílies no haguessin de pagar ni un ruble per l'esport dels seus fills. Però l'objectiu de moltes societats esportives era crear campions. I a la Ielena, que en aquell moment va tenir un disgust monumental, no li veien possibilitats. Hauria renunciat als centímetres que fes falta: ella volia patinar! I no li havien permès ni posar-se els patins.

La punyalada va sagnar durant temps, però no li va treure la il·lusió de fer esport. Tres anys després d'aquella patinada, un entrenador de bàsquet es va presentar a l'hora d'Educació Física, a l'escola. Al final de la sessió, va fer la seva tria i el criteri no va sorprendre ningú: s'havia quedat, bàsicament, amb les alumnes més altes. Per això, Ielena Xvaibóvitx va quedar descartada. L'estirada que tothom li pronosticava no havia arribat. El que més tristesa li generava és que les seves millors amigues, que li treien uns quants dits d'alçada, sí que havien estat seleccionades. Primer li van negar una il·lusió per ser massa alta, i ara n'hi arrabassaven una altra per ser massa baixa... Va fer el cor fort i, per una vegada, va decidir intervenir-hi. Es va atansar a l'entrenador abans que marxés i el seu destí perdés resplendor.

—Tinc moltes ganes de jugar a bàsquet —li va confessar—. Totes les meves amigues entrenaran amb vostè. Per favor, doni'm una oportunitat!

L'entrenador s'ho va pensar durant uns segons. Ben mirat, el cert és que aquella nena s'havia mogut amb agilitat i tenia una bona coordinació.

—D'acord. Vine.

Ielena Xvaibóvitx, doncs, va començar a entrenar al Club Horizont, que estava sota el paraigua de la fàbrica dels coneguníssims televisors Horizont. Va anar creixent fins al 1,78, clavada a l'alçada del pare. No era una talla gens espectacular per al món del bàsquet, però era adequada per a la seva posició de base, que l'obligava a ser ràpida i àgil amb la pilota a les mans. Ella es prenia el bàsquet com un divertiment. Simplement, en gaudia, però no el contemplava com a pilar del seu futur. Si arribava algun dia a l'equip professional de l'Horizont, estaria agraïda amb l'oportunitat, que combinaria probablement amb alguna altra activitat.

Un dia, però, unes paraules de l'entrenador, Aleksandr Nikolàevitx, el mateix que la va anar a pescar a l'escola, la van marcar:

—Lena! Mira com t'aniran les coses: jugaràs amb el primer equip de l'Horizont, accediràs a l'equip nacional de l'URSS i seràs campiona olímpica!

La primera part de la profecia es va complir de seguida. Amb quinze anys, va fer el salt a l'equip professional del club. Els seus pares treballaven a la fàbrica de rellotges Lutx. La mare cobrava 120 rubles cada mes per operar a la màquina fresadora, mentre que el seu pare guanyava una mica més per fer funcionar el torn. Ara, la Lena, encara menor d'edat, passava a embutxacar-se 100 rubles mensuals. La vida li somreia i l'alegria es va accentuar quan el seu equip de Minsk va guanyar la Spartakiada d'estudiants de tota la Unió Soviètica. Habitualment, la victòria se l'adjudicaven els equips de Moscou o de Sant Petersburg. En aquesta ocasió, però, va ser per a les basquetbolistes bielorusses.

L'any següent la van seleccionar amb l'equip soviètic júnior, i va arribar la seva primera actuació internacional. Seria a Hongria. Aquell viatge es va viure com un gran esdeveniment a casa de la Ielena. Amb la família va decidir ajuntar 300 rubles per canviar-los per dòlars. La missió de la filla era comprar tants texans com pogués. Uns se'ls podria quedar, però la resta serien per vendre a Bielorússia. El texà anava molt buscat a l'URSS, era difícil de trobar. Un cop localitzats uns pantalons, era molt habitual que en el mercadeig el comprador destinés la meitat del sou d'un mes a poder lluir uns texans.

A Hongria, després de comprar quatre regals per als pares i el germà —no se'n va poder estar davant de tanta abundància—, li van quedar diners per a tres parells de texans. Uns per a ella, dos per al mercat negre.

La segona part de la profecia va anar madurant fins que va caure pel seu propi pes. Ielena Xvaibóvitx es va convertir en una de les bases de la selecció absoluta de l'URSS. Amb vista a Barcelona 92 —la tercera part del vaticini del seu primer entrenador era qüestió de mesos—, els van canviar el nom. En algunes esferes s'hi referien com la selecció de la Comunitat d'Estats Independents o Equip Unificat. Però a elles aquestes nomenclatures se'ls feien estranyes. La majoria es consideraven l'equip soviètic, jugadores d'un mateix país. I, com manava el costum, des de l'abril i fins a finals de juliol, van estar concentrades. En aquest temps, només van tenir tres dies per anar a visitar la família.

A Barcelona, es van instal·lar als pisos de la Vila Olímpica. Vuit jugadores vivien en un apartament i quatre, en un altre. El mar era a tocar, però tenien prohibit acostar-s'hi durant el dia. Calia reservar tota l'energia per als partits. Tan sols contemplar el Mediterrani ja els semblava terapèutic. S'esperava d'elles com a mínim la plata. Els Estats Units tenien molts números de vèncer. Eren les campiones olímpiques dels darrers Jocs i havien vingut a Barcelona amb les millors jugadores per formar el Dream Team 2 i no desentonar amb l'equip masculí.

El primer partit, l'Equip Unificat el disputava contra Cuba. L'havien de guanyar sense problemes, perquè ja s'hi havien enfrontat recentment diverses vegades i les havien superat amb autoritat. Des de la pista, Xvaibóvitx va observar que hi havia les jugadores estatunidenques assegudes a les grades. «Saben que l'or està entre elles i nosaltres i venen a estudiar-nos», es va dir. El partit, però, no va anar com havien previst. Si encistellaven, les cubanes també. Com més minuts passaven, pitjor se sentien perquè no aconseguien avançar-se amb claredat. La base Xvaibóvitx, a mig partit, va veure com les nord-americanes s'aixecaven dels seients i marxaven. «Ja no ens consideren perilloses», es va dir ofuscada. El marcador final va ser de 91 a 89. Van perdre.

Als vestidors, l'entrenador els va dir que les passaria a veure al vespre a la Vila. Aleshores parlarien. «La bronca que ens pugui caure ens la ben mereixem», pensava Xvaibóvitx. Estaven totes molt decebudes amb elles mateixes. Venien a lluitar l'or i es trobaven patint per classificar-se per a les semifinals. Les nord-americanes, per la seva banda, van exhibir-se en el seu matx inaugural, amb un marcador d'impacte davant de Txecoslovàquia: 111 a 55.

Les jugadores de l'Equip Unificat es van agrupar al menjador d'un dels apartaments disposades a encaixar el temporal. Podien rodar caps. L'entrenador, Ievgueni Gómelski, i el seu ajudant, Vadim Kapranov, finalment, van presentar-se a la cita amb motxilles. Van treure unes bosses que amagaven ampolles de vi i gots de plàstic. Els van omplir, en van repartir un per a cadascuna, i Gómelski va dir:

—Noies, ja està! Oblideu el primer partit. És només una derrota. Els Jocs Olímpics continuen. Ho teniu tot per endavant!

No s'ho podien creure! No hi va haver cap retret. En comptes de l'escridassada que esperaven, estaven bevent vi. Activitat que, per cert, els havien advertit que estava prohibida categòricament: no es podia entrar alcohol a la Vila Olímpica. El cert és, però, que al final de la vetllada se sentien millor.

Dos dies després va arribar el partit per a la conjura. Van derrotar el Brasil: 76 a 64. No va caldre més vi. Els Estats Units, al seu torn, van moldre Espanya: 114 a 59. En l'últim enfrontament de la fase de grups, l'Equip Unificat va anotar 79 punts i Itàlia, 67. Les (ex)soviètiques passaven a les semifinals, però en segon lloc, darrere de les cubanes. S'enfrontarien, per tant, a les primeres de l'altre grup. I les estatunidenques van guanyar el tercer partit amb la Xina, 93 a 67. La semifinal era, per a la majoria, la final avançada. I hi havia motius per anticipar que les americanes les escombrarien, havien demolit les rivals a cada partit.

Ielena Xvaibóvitx, en aquesta ocasió, va veure a la graderia Scottie Pippen, Pat Ewing, Magic Johnson i altres estrelles del Dream Team. «En Jordan, però, no ha vingut», va notar. «Tot i així», seguia pensant, «quin gest tan bonic. Els nostres jugadors no venen mai a donar-nos suport». A l'altra meitat de la pista del Pavelló Olímpic de Badalona, les americanes es donaven ànims. El duel va començar. El combat era entre dues forces oposades: els Estats Units pretenien fer el seu joc característic, d'atacs i recuperacions ràpides, transicions trepidants i moltes anotacions. L'Equip Unificat, en canvi, va dibuixar un esquema precisament per evitar que les americanes se sentissin còmodes. Es van tancar a la zona per defensar-la a vida o mort, i les obligaven a arriscar amb tirs exteriors. Quan eren les (ex)soviètiques les que atacaven, procuraven esgotar els trenta segons límit que els donava el reglament. La consigna era tirar abans només si veien la cistella clara. I els estava funcionant. A la mitja part, guanyaven 47 a 41.

A la represa, les jugadores americanes van intentar desferse d'aquella tenalla i apujar la intensitat. I s'anaven acostant fins que, quan faltaven cinc minuts per al final, les van atrapar. Empat a 67. Al tram final, l'equip de la Ielena va tornar a imposar el seu joc. Al final, els Estat Units havien anotat 73 punts, una misèria en comparació amb el que estaven acostumades a fer. L'Equip Unificat va encistellar 79 punts. Ho havien aconseguit. La primera derrota contra Cuba havia quedat en una anècdota ofegada en un brindis. I, per acabar d'endolcir el moment, els jugadors de l'equip masculí, del Dream Team, les van felicitar a l'entrada dels vestidors. «Tindrien aquest detall els nostres homes?», es va preguntar la Ielena.

A la final, no podien fallar i no ho van fer: Equip Unificat 76, Xina 66. L'or per a les euroasiàtiques i la plata per al gegant asiàtic.

L'alegria de la victòria olímpica va quedar regada pels 3.000 dòlars amb què el Comitè Olímpic de l'Equip Unificat obsequiava cada jugadora. Bielorússia, per la seva banda, va ingressar 1.000 dòlars més a la Ielena en un compte corrent del seu país. De moment, però, no tenia intenció de passar per Minsk. Tenia un contracte firmat ja amb l'Olímpia de Poznan. L'equip polonès li va oferir una fitxa de 1.500 dòlars mensuals, que li va semblar una fortuna. Després de dues temporades intenses a Poznan, estava tan cansada que va decidir deixar el bàsquet i tornar a Bielorússia per estudiar i abordar l'esport des d'una altra perspectiva. I una de les primeres constatacions va ser dolorosa: els 1.000 dòlars olímpics del compte de Minsk havien perdut gairebé tot el seu valor.

La fatiga dels parquets de bàsquet es va anar transformant amb melangia. La pausa va durar pocs mesos. Com que li seguien arribant ofertes per jugar, va acabar acceptant la del Dinamo de Moscou. Va quedar-s'hi fins l'any 2000.

En l'actualitat, Ielena Xvaibóvitx és la responsable del club de bàsquet femení que ha fundat ella mateixa a Rostov del Don i que, amb una trajectòria ascendent, s'ha plantat a la màxima Lliga russa. La selecció de bàsquet del seu país, però, no ha estat mai més la mateixa. Després de Barcelona, les jugadores dels

Estats Units han guanyat tots els ors olímpics. En canvi, en aquestes set edicions olímpiques, Rússia només ha sumat dos bronzes.

—Per què? —pregunto.

—Per diverses raons. Un factor clau és que ara, a Rússia, els pares paguen perquè els fills facin esport. I això obliga els entrenadors a fer-los jugar si no volen sentir les protestes dels familiars: «Com és que paguem i la nostra filla no juga?» A la Unió Soviètica, la selecció dels infants era molt dura i anava acompanyada d'entrenadors molt preparats. Tot era gratuït per a les famílies i els preparadors desenvolupaven la seva feina com creien convenient. L'objectiu era el més important. Ara ningú no vol exercir la professió d'aquella manera. Tenien la vocació d'entrenar els esportistes primer quan eren nens i anar creixent amb ells com a entrenadors professionals. La seva feina ha perdut prestigi.

Ho diu una persona que sap el que és que li diguin que aquest esport que t'enamora no és per a tu.

Tarzan i l'home dels rècords

Aleksandr Popov i Ievgueni Sadovi, natació

Les ciutats de la Unió Soviètica eren força semblants les unes a les altres. N'hi havia algunes, però, que resultaven inaccessibles. I no em refereixo a la gran quantitat d'assentaments que la geografia russa situa en llocs inhòspits. Parlo de les poblacions barrades per decret, per decisió administrativa, les anomenades *ciutats tancades*. No figuraven als mapes i quan algú en descobria l'existència es plantejava simultàniament una pregunta: «Què hi amaguen, aquí, les autoritats?».

En aquestes ciutats només els residents s'hi podien moure amb una certa llibertat. La resta de soviètics no hi podien entrar i els estrangers, ni somiar d'acostar-s'hi! Un exemple de ciutat tancada fins avui és Séversk, que se la resguardava de qualsevol mirada curiosa perquè s'hi enriquia urani o plutoni per generar energia nuclear. A la Ciutat de les Estrelles, per exemple, calien permisos molt estrictes per accedir-hi, perquè s'hi preparaven els cosmonautes. Sverdlovsk-45 també era una ciutat tancadíssima. I si Aleksadr Popov s'hi trobava com un peix a l'aigua és perquè, el 16 de novembre del 1971, hi havia nascut. Era casa seva. El que convertia la seva ciutat en un fortí era la fabricació de bombes nuclears. Era una activitat tan delicada que visitar

Sverdlovsk-45 requeria una batalla burocràtica dissuasiva. L'Aleksandr hi creixia amb fortaleses i debilitats, si fa no fa, com qualsevol nen. I el seu punt feble eren els alvèols, que se li inflamaven sovint. Tenia pneumònia. Els seus pares van pensar que fer natació li reforçaria la salut. I així és com va començar a nedar quan tenia set anys. Al principi no li va agradar especialment. Però menjant ve la gana. I cada dia tenia més fam. Aquesta era la seva fortalesa. Es volia cruspir el món.

Si Sverdlovsk-45 estava marcada per una planta de fabricació de bombes nuclears, la ciutat de Voljski, a gairebé a 2.000 quilòmetres de distància, existia gràcies a una central hidroelèctrica mastodòntica i a la força de l'aigua del riu Volga. Va ser per construir aquella infraestructura que es va fundar una població que va créixer amb molta energia. L'activitat principal de la ciutat, però, no era tan delicada i per això no tenia estatus de tancada. I aquí és on, poc més d'un any després del dia que va néixer Popov, un nadó va trencar aigües amb fúria: Ievgueni Sadovi. 6 quilos i 200 grams! Va ser un part tan difícil per a la mare que van haver de buscar una altra dona perquè alletés aquell nadó gegantí. Els primers anys de vida no van ser fàcils per a en Ievgueni, que fins als tres anys no va pronunciar ni una sola paraula ni gairebé va emetre cap so. A l'ensenyament obligatori de seguida va indicar, amb el seu comportament, que era un nen mogut amb tendència a agrupar-se amb els subjectes més esverats. Abans de les vacances d'estiu, la seva àvia, que era la persona que més cura tenia d'aquell infant i exercia sovint també de mare i de pare, va ser requerida a l'oficina del director de l'escola.

—Zoia Davídovna, segui, sisplau. Volia parlar-li del seu net, però no s'espanti perquè no hi ha cap motiu per fer-ho.

—Vostè dirà, director —va respondre sense creure que no hi havia raons per tenir el cor accelerat.

—El professor d'Educació Física diu que en Ievgueni no en té prou amb les hores que destinem al centre a fer exercici. És un nen amb unes característiques físiques que no passen desapercebudes i creiem que hauria d'apuntar-se a alguna de les seccions esportives de la ciutat.

—I quin esport hauria de fer?

—Això ho han de decidir vostès. Pel que jo sé, a Voljski hi ha bon nivell de voleibol, bàsquet, natació, handbol...

—Que nedi! El portarem a nedar —va respondre l'àvia pensant, probablement, que era una activitat útil en una ciutat vigilada per un riu tan imponent com el Volga i pels seus afluents.

I així és com aquella dona, Zoia Davídovna Dobreliuk, va canviar la història no tan sols del seu net, sinó també de la natació del país.

Popov va saltar els murs de la seva ciutat tancada de ben jove. Es va convertir en un nòmada. A la seva zona no hi havia ningú que nedés d'esquena a aquella velocitat i va entrar de seguida a l'equip nacional de la Unió Soviètica. Això significava concentracions molt freqüents en diverses repúbliques socialistes del territori més gran del planeta, que recorria enfilat a les vies del tren. A més, hi havia els vols per anar a les competicions internacionals. L'estiu del 1990, en una concentració encaixada entre el Campionat de la Unió Soviètica i el d'Europa, un dels seus entrenadors li va fer el següent comentari:

—Saixa, no ets un nedador d'esquena. El teu estil és el crol. Hauries de nedar crol.

—Aleksei Fiodorovitx, potser vostè ho creu així, però li puc assegurar que l'estil que em va millor és el d'esquena.

Per sort per a l'Aleksandr, aquella idea va quedar oblidada..., però només fins al setembre. Tenien una concentració de *recuperació*, d'aquelles en què entrar a l'aigua no significava hores de braçades, sinó estovar els músculs en un balneari. Però ell no es va poder relaxar del tot, perquè, després d'uns massatges reconfortants, el van enviar a una reunió amb l'entrenador principal de l'equip soviètic de natació, Gleb Georgiévitx Petrov.

—Saixa,[10] com va tot? Com et trobes?

No va tenir temps de respondre cap de les dues preguntes retòriques abans que l'entrenador situés un paquet bomba damunt la taula:

—Hem tingut una trobada amb el cos tècnic i hem decidit que passes de fer esquena a crol.

—I deixaré de nedar d'esquena!?

—Sempre tindràs temps de tornar a nedar d'esquena. Però ara és el moment d'intentar-ho. Ara et toca nedar crol.

—Amb qui entrenaré?

—Et prepararà Guennadi Guennadiévitx Turetski.

Era una decisió arriscada, tenint en compte que no quedava gaire temps per conformar l'equip que seria a Barcelona 92. Tres mesos després de la reunió explosiva, hi havia el Campionat de la Unió Soviètica a Khàrkiv. Va nedar amb el nou estil i va ser el millor. Al Campionat Europeu del 1991, a Atenes, es va penjar tres ors. La màquina de crol havia començat una carrera meteòrica com a velocista.

Al mateix Campionat Europeu de Grècia, el triomfador de crol en distàncies més llargues va ser el migfondista Ievgueni Sadovi. Les seves dues medalles d'or van ser molt meritòries, perquè des del dia que va entrar a l'equip nacional soviètic va quedar

10. Versió més familiar del nom d'*Aleksandr*. Ja hem utilitzat, per exemple, *Lena* per referir-nos a la *Ielena*, o *Vitàlik*, en comptes de *Vitali*. Cada nom rus té diverses versions afectuoses.

clar que nedava a contracorrent. Mentre que els millors camarades de l'equip superaven de llarg l'1,90 —Popov feia 2 metres d'alçada, per exemple—, Sadovi no havia crescut d'acord amb el volum mostrat el seu primer dia de vida i s'havia aturat a l'1,87. Amb el seu entrenador, però, van dissenyar un mètode per desafiar les lleis de la física. Van estudiar la manera de treure el màxim rendiment en cada braçada i minimitzar-ne la quantitat. Mentre la cadència dels principals rivals de Sadovi era d'entre 48 i 56 braçades per recórrer els 50 metres de la piscina, ell en feia només entre 32 i 36. Cada vegada que impulsava l'aigua enrere, intentava que el seu cos llisqués la màxima distància abans de penetrar de nou a l'aigua. Tant el seu físic com la seva tècnica cada vegada més depurada el distingien dels seus competidors. L'any olímpic, però, no va començar gens bé. Els problemes en un ronyó el van enviar al quiròfan i es va estar mesos sense entrenar. Era la segona operació en poc temps. L'*staff* tècnic ja no comptava amb ell per a Barcelona. Però a Sadovi els reptes l'estimulaven. I en les classificatòries va deixar sense arguments els qui qüestionaven que pogués arribar en condicions al juliol. Aquell nedador menut en comparació amb la resta i amb el cap tan afaitat que no li calia casquet es va plantar a les Piscines Picornell de Barcelona. I el sol fet de tenir dorsal assignat ja era una victòria.

El primer dia de competició, el 26 de juliol al matí, Ievgueni Sadovi debuta en uns Jocs. La seva semifinal dels 200 metres lliures era la més forta i havia quedat aparellat amb el nedador més perillós, Anders Holmertz. Sadovi es llança a l'aigua amb la idea clara de no fallar. Ha de ser a la final. De manera que neda controlant el suec. La sorpresa és que li resulta tan senzill mantenir aquell ritme que es comença a preocupar: «A veure si serem tan rucs que ens perdrem tots dos la final amb tant de control»

Dubta de si accelerar fort. Finalment, s'assegura la primera plaça, però li sembla una victòria lenta. Quan apareix a la pantalla el temps que ha fet, el públic i ell mateix s'adonen que ha volat. Tot i no tractar-se de la final, Sadovi ha batut el rècord olímpic i s'ha quedat a només 0,06 segons del rècord del món! En comptes d'estar content, s'enfada. Només ell ho sap, però no té cap dubte que hauria pogut deixar fixada amb molt marge la millor marca de tots els temps. «Bé, hauré de deixar el rècord per a la final.»

Aquesta constatació el tensa. Tota la tranquil·litat que tenia amb la tasca que havia de fer havia quedat trastornada per sis centèsimes. Aquella mateixa tarda, amb dinou anys, no tan sols es penjaria la medalla d'or, sinó que fulminaria el rècord del món. Aquella imatge el va deixar garratibat, no aconseguia relaxar-se ni allunyar la idea del cap. Si nedava al seu ritme màxim, seria plusmarquista mundial. A l'hora assenyalada, va pujar al banc de sortida. Estava mentalment esgotat i molt nerviós. Només pensava en el cronòmetre. L'estrès del rècord li estava jugant una mala passada. El salt de cap i les primeres propulsions a l'aigua el deixen en tercera posició. Anders Holmertz és el primer a fer el viratge. En la segona piscina, el suec agafa distància. Li treu gairebé un cos sencer. Se li escapa. Sadovi continua tercer, però més a prop del vuitè i últim nedador que del primer. A la recta següent, però, el rus vola i fa el darrer viratge en segona posició i a mig cos del suec. Els últims 50 metres són d'infart. Evgueni Sadovi resta centímetres a cada propulsió. Pot atrapar Holmertz i, en les últimes cinc braçades, l'avança. És el primer a tocar la paret. Alça el puny, tota la tensió, una tona de pes, ha quedat fosa a l'aigua. Es gira per mirar la pantalla: 1:46.70. No pot ser. 1:46.70! S'ha quedat només a una centèsima del rècord del món. Una centèsima! Un microimpuls, tenir la mà una mica més gran, haver-se estirat una miqueta més, mesurar 3 centímetres més. Tot i així, ha deixat inscrit un nou rècord olímpic i, el suec, a 0,16 segons.

Un bon resultat i un gran espectacle. Puja al graó més alt del podi amb el seu xandall Adidas sense indicació de país. Encara hi ha algun company d'equip que porta a la part de dalt l'uniforme que tenien preparat amb les lletres desfasades ja de CCCP.[11] I a ell, sincerament, li hauria agradat veure alçada la bandera soviètica i que les notes de la seva alegria fossin les de l'himne de l'URSS. En qualsevol cas, res no pot robar-li aquest moment de somni. A partir d'ara, nedarà ja sense pressió. La missió Barcelona ja és un èxit.

En la seva primera eliminatòria, els 100 metres lliures, Popov saltarà a l'aigua al costat d'una llegenda: Matt Biondi. El nord-americà ja havia aconseguit un or olímpic a Los Angeles 84 i cinc a Seül 88, on també va guanyar una plata i un bronze. En resum, Popov nedava contra Déu. Els primers 50 metres, Aleksandr Popov té bones sensacions. Neda al mateix ritme que l'estatunidenc i el rus sap que té un bon final. I és en l'última piscina que queda sorprès. Veu que el deixa enrere sense gaires problemes. Popov no s'esperava que fos tan senzill. De cop i volta, com havia passat a Sadovi, se sent el favorit. I de la mateixa manera que el seu company d'equip, a la final nota més pressió de la que hauria desitjat. Matt Biondi fa el gir en primera posició. Queden 50 metres, uns vint-i-cinc segons per capgirar la situació. I Popov ho fa. La seva estrebada és mortal. Queda primer. Biondi, cinquè.

L'endemà del seu primer or, Evgueni Sadovi torna a tenir una final. Aquesta vegada, en equip: el relleu dels 200 metres lliures.

11. Les sigles en ciríl·lic que corresponen a URSS.

Ja se sap que el més ràpid en aquesta distància és ell, però cal veure com competeixen els quatre companys junts i si seran més forts que els suecs i l'equip dels Estats Units, que domina aquesta prova des de fa anys i panys. L'Equip Unificat de Sadovi, però, ha vingut a Barcelona amb una forma imponent. Baten el rècord del món!

Dos dies més tard, tant Popov com Sadovi tenen finals. L'Aleksandr, en el relleu dels 4×100, es torna a veure les cares amb Matt Biondi i, ara, l'equip americà s'endú l'or i relega l'Equip Unificat a la plata. En Ievgueni té prova individual, el doble de la distància de la primera victòria: 400 metres. Els rivals que ha de batre són de nou el suec Anders Holmertz i, sobretot, l'australià Kieren Perkins, que fa poc ha instaurat un nou rècord del món: 3:46.47. De fet, Sadovi està molt lluny de Perkins al rànquing anual. Si no hi hagués en el record molt viu els dos ors que ja s'ha penjat, ningú no comptaria amb ell com a candidat al tron. En les primeres piscines, el nedador rus se situa tercer. El rellotge corre, deixen enrere metres i més metres, i Sadovi segueix tercer. Quan només en queden 50, Sadovi treu els seus dots de velocista. Arriba el primer i fa miques la marca de Perkins. El nou rècord del món és 3:45.00. Té segurament el físic menys imponent dels competidors, però ha revolucionat els Jocs. S'adjudica el títol de *Rei de l'aigua*. Ha participat en tres proves i ha marcat dos rècords del món i un l'ha perdonat per una centèsima. Es fa difícil de predir fins on portarà la seva carrera en el futur tenint en compte com de jove és. Ningú pot descartar res. I Jordi Basté escriu l'entrada per al seu programa de ràdio nocturn: «Apunteu ja aquest nom, el primer heroi de Barcelona. Els Jocs del 92 ja tenen el primer mite: Ievguenni Sadovi...»

L'endemà, Popov té un nou duel amb Biondi. Ara, en la prova més ràpida: els 50 metres. Una sola piscina al límit. L'estatunidenc treu forces i veterania del més-enllà, bat fins i tot el rècord olímpic que té ell mateix. Però no quedarà fixat perquè aquell jove rus se li avança. La millor marca olímpica a partir d'ara porta la firma d'Aleksandr Popov. És el relleu del mite. De poc servirà, vint-i-quatre hores després, la consolació dels 4×100 estils, quan els americans deixaran l'Equip Unificat amb la plata. L'aigua de Barcelona ha vist néixer dues divinitats russes de la natació. Les seves carreres, però, a patir d'aquell moment prendran camins molt diferents.

Popov, després de Barcelona, degusta una sensació que no havia paladejat abans: la llibertat. La glòria l'hi coincideix amb la caiguda de l'URSS i aquesta concatenació li aplana el camí perquè ell i el seu entrenador s'instal·lin a Austràlia. És conscient que ha estat el sistema soviètic que tan bé representa el seu preparador el que li ha permès excel·lir. Però és jove i necessita aire. I ara, l'aire circula. *El tsar*, com l'anomenen els mitjans de comunicació, és tan ben plantat que pot fer carrera si vol com a model. Diverses marques se'l rifen. La vida l'acarona i a la piscina no té rival. Inaugura gairebé una dècada de domini incontestable en les proves de 50 i 100 metres. Als Jocs d'Atlanta, torna a guanyar l'or olímpic en les dues distàncies. En uns resultats calcats als de Barcelona, afegeix dues plates en relleus. Bill Clinton, el president dels Estats Units, aplaudeix el prodigi. I quan Popov passa pel despatx de la Federació de Natació, l'espera un telegrama: «Et felicitem! Ets el primer després del nostre pare, Johnny Weissmuller, campió olímpic el 1924 i el 1928, que aconsegueix guanyar dues vegades els 100 metres lliures» L'ha de llegir tres vegades per adonar-se que, efectivament, és el successor de Tarzan.

Ievgueni Sadovi no va competir a Atlanta. Després de l'èxit de Barcelona, va insistir en el mateix entrenament que l'havia conduït a aquella victòria. La rutina era extenuant i els progressos moderats. Era un migfondista i ara es trobava molt còmode en les distàncies llargues, però havia perdut la potència que havia meravellat el món de la natació amb 50 metres finals explosius. Alguna cosa en els seus entrenaments no rutllava bé. Però qui el va descavalcar de la competició va ser el doctor. La bradicàrdia que va desenvolupar empitjorava de manera dramàtica. El seu cor bategava tan sols vint vegades en un minut. Va haver de plegar amb una pena immensa, perquè pensava més en tot el que no havia aconseguit que en els rècords de Barcelona. El seu projecte havia quedat en un esbós del que havia projectat. Era conscient que havia estat una estrella fugaç. Estava apagat, a les fosques.

Aleksandr Popov, després del doble triomf d'Atlanta, va anar a passar uns dies a Moscou. Una nit de finals d'agost del 1996, caminava acompanyat d'una noia quan van entrar en una discussió absurda amb uns venedors ambulants de melons. En aquells anys, les baralles estaven més desaconsellades que mai. Un d'ells li va clavar la fulla del ganivet a l'estómac i li va fregar el pulmó i el ronyó. El van operar d'emergència. Hi havia el temor que aquella punyalada fos l'adeu del millor nedador del moment. La notícia va recórrer els diaris de tot el món, perquè no era un astre rus, sinó planetari. Quan va sortir de l'hospital pesava deu quilos menys. Va trigar nou mesos a recuperar la forma. És difícil dir fins a quin punt l'incident li va passar factura. El 1997 va guanyar quatre ors als Europeus i el 1998 va quedar campió del Món en els 100 metres lliures i sotscampió en els 50. Als Jocs de Sydney podria haver ampliat la llegenda. Desfer l'empat amb Johnny Weissmuller, amb Tarzan, i penjar-se el tercer or consecutiu dels 100 metres. Allargar el regnat de Barcelona dotze anys, tres cicles olímpics. Quan ja ho tenia a l'abast, una estrella emergent li va robar el somni. Pieter van den Hoogenband va esmicolar el rècord del món. I, tot i que tres mesos abans Popov havia registrat la millor marca de tots els temps en els 50 metres, un registre que duraria molts anys abans que algú el superés, a la final de Sydney va quedar només sisè.

Enterrar *el tsar* era, malgrat tot, prematur. I el seu ressorgir no podia haver estat a cap altre lloc que al Campionat del Món de Barcelona, el 2003. Ho guanya tot, tres ors i una plata. Torna a ser el nedador més ràpid de la Terra. L'any següent, però, anuncia que després d'Atenes 2004 ho deixarà. Als seus últims Jocs, no es va classificar per a cap final.

Aleksandr Popov ens ha rebut al seu despatx del Comitè Olímpic Rus, on treballa, a Moscou. Ha respost a totes les nostres preguntes amb molta amabilitat. S'ha mantingut cordial, però no ha volgut entrar en determinats detalls. Afirma que, des que ho va deixar, només ha nedat al mar, de vacances. Malgrat que se'l veu en forma, diu que no fa esport i que des dels Jocs d'Atenes no ha fet ni un entrenament a la piscina. Tot el que havia de nedar, ja ho va nedar.

Un to molt diferent ha tingut la conversa amb Ievgueni Sadovi, que ens ha atès des de Volgograd. El seu rostre, una mica inflat i amb posat trist, contrasta amb l'expressió eufòrica d'aquell nedador esprimatxat de Barcelona que ho podia tot. No ha defugit cap pregunta ni ha amagat els seus sentiments. Escoltar-lo ha estat en ocasions feridor:

—Ara faig d'àrbitre en competicions internacionals. Al meu país no veig que ningú pensi amb una mica d'humanitat. Em pregunto sense trobar resposta com pot ser que molts directius que en teoria haurien de treballar per millorar el nivell de la natació i de l'esport, en realitat, l'empitjorin. I conserven els càrrecs. I és també un misteri per a mi que, com a especialista que podria canviar algunes coses de la natació a Rússia, ningú no m'ho hagi demanat. Podria ser útil fins i tot per evitar els errors que jo vaig cometre. Però, al meu país, ningú no em necessita.

La videotrucada ha estat molt llarga. Hem començat a la tarda i se'ns ha fet de nit. Però, quan fa una estona que hem penjat, el telèfon torna a sonar. És Ievgueni Sadovi.

—M'ha quedat una cosa per dir...

—Només faltaria! Les que vulguis.

—Estic orgullós d'haver competit sempre de manera molt senzilla i honesta: jo, el meu entrenador i l'aigua. Per desgràcia, vaig tenir el problema amb el cor. Però mai, ni una sola vegada, vaig recórrer a les injeccions. No tothom pot dir el mateix. Als entrenaments era ben fàcil identificar els que recorrien als serveis del doctor Portugàlov: tenien les marques a les cames de l'agulla que els dopava.

Maledicció olímpica

Andrei Perlov, marxa atlètica

Allò no entrava en els plans de ningú. Potser, tampoc en els seus. El cas és que, si acabava la cursa d'aquella manera, haurien de reservar una de les tres places per als Jocs de Moscou a aquell marrec de divuit anys! I tothom sabia qui eren els tres corredors que havien de competir-hi d'aquí encara no dos mesos. Ells tres, fins ara els millors, s'havien preparat específicament per als Jocs. Andrei Perlov, en canvi, tot just era la quarta vegada que marxava en aquella distància de 20 quilòmetres. Per això era tan sorprenent que continués al capdavant de la cursa i es trobés amb força per imposar un ritme ferotge. El somni ho estava deixant de ser, allò era ja ben possible. Seria olímpic. I quedar com a primer o segon soviètic podia ser sinònim de medalla. Quin prodigi! Abans que donés definitivament la campanada, l'equip tècnic va decidir interferir per aturar aquella gosadia. L'àrbitre principal de la carrera, Nikolai Smaga, se li va acostar amb tot el poder que tenen els jutges de marxa atlètica per mostrar targetes i enviar els corredors als vestuaris.

—Noi, vols acabar la prova? Si la resposta és que sí, situa't quart.

El jove Perlov va trigar uns segons a assumir aquelles paraules fins que va afluixar. Finalment, va creuar la línia d'arribada en la quarta posició. Entraria a l'equip nacional de l'URSS i seria a Moscou 1980, però com a reserva. Ja era una fita per a algú de la seva edat, especialment en un esport en què s'assolia el pic de nivell a edats més avançades, però ell no estava satisfet. Aquell matí de juny, li van robar la possibilitat de competir als seus primers Jocs i, potser, de marcar un registre impressionant amb divuit anys.

De tornada a Novossibirsk, va seguir estudiant a l'Institut de Transport d'Aigua i entrenant al Club Vodnik.[12] Abans de graduar-se com a enginyer hidràulic, quan tenia dinou anys, ja es va casar. I quan la societat Dinamo el va voler fitxar, l'argument que li entregarien un pis va ser definitiu. A més, li prometien un servei militar molt suau. Va fer el canvi.

En el següent cicle olímpic, la realitat es va imposar. Era el millor marxista de la Unió Soviètica i no va quedar altre remei que acceptar que Andrei Perlov, malgrat que només tenia vint-i-dos anys, seria el capità de l'equip a Los Angeles 1984. Quan quedaven pocs mesos per aconseguir la seva primera medalla olímpica —ell creia que ho tenia a l'abast—, un comunicat de les autoritats soviètiques el tornava a deixar sense participar en els seus primers Jocs. L'URSS els boicotejava. Se sentia estafat per segona vegada. L'or en el torneig alternatiu a Mèxic, els Jocs de l'Amistat, no va ser un consol suficient. Havia de mirar quatre anys més enllà, el 1988, perquè el seu objectiu esportiu principal no eren els Europeus, ni el Mundial, ni cap altra medalla d'or que no portés gravades les paraules *Jocs Olímpics*.

Seül es perfilava a l'horitzó quan una lesió li va començar a fer la guitza en el pitjor moment. Va haver de deixar d'entrenar

12. *Vodnik* deriva de la paraula *voda*, que vol dir 'aigua'.

completament, la cama li feia un mal de mil dimonis. S'acostava el dia de la prova classificatòria per a les Olimpíades, aquella que l'any vuitanta hauria pogut vèncer. Ara que ningú trobaria estrany que guanyés, arribava molt just. Per a Seül potser tenia opcions per recuperar-se del tot, però aquesta prèvia podia ser un malson. I ho va ser. La cama lesionada el va començar a turmentar ja a les primeres gambades. S'havia de sacrificar de manera sobrehumana per acabar com a mínim tercer. No va entrar ni entre els cinc primers. De nou, adeu als Jocs. A partir d'aquell moment, l'obsessió es deia Barcelona. O el 92, o mai. Tindria trenta anys. Hauria passat de ser un possible debutant precoç a un de veterà.

El primer tram de la preparació el va animar. El més important era que el dolor, si bé no va desaparèixer del tot, va passar a ser molt suportable. A partir de l'any 1989 guanyava pràcticament cada cursa en qualsevol distància. Va batre els rècords del món primer dels 30 quilòmetres, després dels 50 i finalment dels 20. El 1990 va quedar campió d'Europa en 50 quilòmetres, la distància que volia disputar a Barcelona. L'any següent, es feia una prova classificatòria per al Campionat del Món a San José, un suburbi de Los Angeles. Els sis primers atletes anaven directe al Mundial, que era tres mesos després. Perlov va sortir determinat a guanyar. Quan ja arribava a la meta victoriós tres minuts abans que la resta de marxadors, el van desqualificar. Tot l'esforç, en orris. També van treure la targeta vermella al segon millor atleta de l'equip Soviètic, Aleksandr Potaixov. Els va fer la sensació que els àrbitres els havien amonestat per afavorir els corredors mexicans. En teoria, hi havia encara una altra oportunitat per formar l'equip soviètic que participaria en el Campionat del Món: la Spartakiada, a Kíiv. Consideraven, però, excessiu fer tres proves de 50 quilòmetres en tan poc temps. Van convèncer els entrenadors perquè els deixessin anar al

Mundial sense haver de marxar a la Spartakiada. Si hi podien anar frescos es comprometien a tornar-ne amb dues medalles. La gran cursa era a Tòquio el 31 d'agost. Les condicions climàtiques no podien ser més dures. La humitat era del 100% i feia tanta calor que Perlov veia com els bassals de l'asfalt s'evaporaven davant de les seves vambes. Ell i Potaixov eren els més forts i van arribar a un acord. Per evitar el risc de cometre algun error tècnic que els conduís de nou a una desqualificació si competien al límit l'un contra l'altre, van pactar arribar junts a la meta. Perlov marxava amb una tècnica més depurada i se sentia més ràpid que el seu company d'equip, però un or compartit ja li semblava bonic. Van creuar la línia agafats de la ma. El rellotge els va donar el mateix temps: 3:53.09. El corredor següent va entrar dos minuts més tard. L'espanyol José Marín va entrar el dotzè, després de quatre hores i tretze minuts d'esforç. I Jordi Llopart, tres minuts més enllà. Mentrestant, però, estava passant una cosa amb la qual l'equip soviètic no comptava. Els jutges estaven examinant la *foto finish* per dictaminar qui havia arribat primer. No volien concedir dos ors. I la tecnologia va concloure que el cos de Potaixov estava lleugerament més avançat. Van declarar-lo campió del Món i Perlov, segon. Era l'avís definitiu. A Barcelona, ho hauria de fer tot de manera impecable i arribar en solitari. No podia fallar. Havia arribat al seu límit. Al dolor físic, s'hi afegia el psicològic. Uns altres Jocs frustrats seria massa.

7 d'agost del 1992. Més de quaranta esportistes a la línia de sortida. Per endavant, l'odissea: 50 quilòmetres amb una calorada de trenta graus que rebota a l'asfalt i la humitat del Mediterrani que ho amara tot. Els que arribin al tram final hauran de treure coratge del més-enllà per superar la pujada de Montjuïc. Tots aquests condicionants ja li van bé a Andrei Perlov. La seva preo-

cupació principal és no servir cap oportunitat als jutges per expulsar-lo. Vol acabar la prova amb les mateixes amonestacions que té ara a l'inici: cap. Comencen a marxar al mateix temps que el cronòmetre. L'atleta de Novossibirsk avança amb molta prudència. El seu compatriota i vigent campió del Món, en canvi, porta la cursa al límit. Potaixov intenta deixar el grup enrere des de bon començament. Alguns corredors, com el mexicà Carlos Mercenario, volen vigilar-lo de prop. Abans d'arribar a la meitat de la prova, Potaixov ja ha acumulat les tres faltes que l'envien al voral. Ara, qui vol sorprendre és el finlandès Kononen. Se'n va uns metres i manté la primera posició durant quilòmetres. És el segon intent de trencar la cursa. Perlov diu «fins aquí». Es posa al capdavant amb seguretat i arriba en solitari a la pujada de Montjuïc. Darrere seu, sense suposar ja una amenaça, el polonès Korzeniowski. El rus, sense cap amonestació, segueix el pla que tenia: les pujades són el seu terreny i posa una marxa més. Korzeniowski rep la targeta vermella quan ja eren a Montjuïc. Perlov, en solitari, degusta la volta a l'estadi. Quan arriba a la meta, assenyala la línia, però no s'atura. Segueix a aquell ritme imponent desenes de metres fins que s'abraça al seu entrenador. Al darrere no deixa 50 quilòmetres de quitrà, sinó dotze anys de sacrificis des que aquell àrbitre el va apartar injustament dels seus primers Jocs.

Andrei Perlov actualment dirigeix el Futbol Club Novossibirsk[13] i la Federació de Futbol d'aquella regió de Sibèria. Vol veure el Nobossibirsk a primera i ha creat també un equip femení que és dels millors de Rússia. El campió olímpic ha vingut a fer un curs

13. Els esportistes de la regió russa de Novossibirsk van guanyar diversos ors a Barcelona: Kirienko i Pozdniakov (esgrima), Minkh (bàsquet), Karelin (lluita) o Perlov (marxa).

de la Federació de Futbol a Moscou i fa una hora que respon les meves preguntes al bar de l'hotel on s'allotja. Encara està en bona forma. S'expressa amb precisió i es nota que, a banda de cremar vambes, ha teoritzat també sobre l'esport.

—Andrei, després de tant sacrifici i tanta mala sort, quan per fi vas veure que ja ningú et podia prendre la medalla somniada a Barcelona, què vas sentir?

—Sabia que era una de les meves últimes oportunitats. No tant per l'edat, sinó per esgotament físic i mental. No m'ho hauria perdonat a mi mateix si hagués comès algun error en la carrera. Vaig pensar: «Per fi, tot s'ha acabat!» Em sentia realitzat. Ara bé, la cama i l'esquena em van començar a molestar. Les velles lesions es manifestaven. Al vespre hi havia la cerimònia d'entrega de medalles i em va costar Déu i ajuda pujar al podi. Quan vaig inclinar-me perquè em pengessin l'or, em pensava que em moria del dolor. Només volia prendre'm una cervesa fresca i descansar en algun lloc tranquil. Estava exhaust.

—Se sorprenien els teus competidors quan s'adonaven que algú d'una ciutat siberiana aconseguís tan bons resultats amb les calorades d'aquells estius a Tòquio o a Barcelona?

—La temperatura a l'hivern a Novossibirsk pot baixar als −50 °C. Una vegada vaig entrenar a l'exterior a −39 °C. Però, a l'estiu, sobrepassem els 30 °C. De manera que estava molt acostumat a les temperatures extremes, tenim diferències de vuitanta graus entre els mesos freds i els càlids. El cert és que entrenàvem a molts llocs de la Unió Soviètica, al Kirguizistan, per exemple, i fèiem estades en països com Mèxic. Les condicions per als esportistes professionals eren molt bones a l'URSS. Potser no hi havia instal·lacions gaire modernes, però ens portaven a llocs amb una determinada altura i clima, i teníem bons metges. La preparació era molt professional. A més, hi havia una competència ferotge entre nosaltres. Ara, no es pot ni comparar. En aquella època podia ser més difícil guanyar el Campionat de l'URSS que el d'Europa. Teníem proves amb cent atletes soviètics, dels quals una dotzena eren grans especialistes, per seleccionar-ne només tres per a l'equip nacional.

—És això el que explica la victòria de l'Equip Unificat a Barcelona?

—Sí. Hi ha qui pot pensar: «Bé, si ara comptéssim totes les medalles dels països que van formar part de la Unió Soviètica, el resultat seria el mateix.» Però no funciona així. El sistema actual no fomenta aquella exigència i no hi ha tanta rivalitat com teníem. A més, s'hi afegeixen les traves per competir en l'àmbit internacional imposades pels casos de dopatge detectats a Rússia. Tot plegat, redueix encara més la motivació. La Federació Russa d'Atletisme fa temps que hauria de recapacitar. Hauria de reconèixer els errors i acomiadar els entrenadors involucrats en el joc brut. Víktor Txeguin, per exemple. Més de vint dels marxadors que va preparar van ser enxampats amb dopatge. Van prohibir a Txeguin entrenar de per vida. Però, tant els fa, poc temps després ja el vam tornar a veure en acció. La nostra Federació ha perdut la legitimitat. Han de parar de mentir. Així, no es genera afició. I, per cert, els resultats d'aquests atletes no són espectaculars. El meu rècord dels 30 quilòmetres encara és vigent i jo mai —ho puc jurar—, mai em vaig prendre res il·legal.

—Suposo que un nen o un jove prefereix córrer obertament que avançar com si algú et lligués amb un cinturó a l'asfalt. Com és que et vas decantar per la marxa atlètica?

—L'entrenador que va venir a l'escola a captar nois era un gran marxador i sabia com motivar-nos. Jo vaig començar a marxar i a guanyar de seguida. I quan guanyes, t'agrada més. L'adrenalina de pujar al lloc més alt del podi em mantenia motivat.

—I, el 92, per fi va arribar el premi. Com va ser la tornada de Barcelona a la realitat?

—Va ser un retorn a no gaire enlloc: ja no teníem el país d'abans i, el nou, encara havia de crear-se. No hi havia l'atenció i la parafernàlia que envolta ara els campions olímpics, que reben cotxes i bons premis en metàl·lic. Ens van donar quatre duros i un rellotge rus Pobeda.[14]

—I quan vas decidir plegar?

—El dolor que tenia era tan insuportable que hi havia dies que em costava sortir del llit. I, quan em vaig començar a trobar bé, volia preparar-me per als Jocs del 96. Però em posava a entrenar i no podia ni mirar l'asfalt. N'estava fins al capdamunt, de la marxa. Les condicions econòmiques, a més, no eren gens estimulants. Tenia problemes per alimentar la família. Els noranta van ser terribles per a nosaltres i la meva prioritat era veure com podíem sobreviure. Si abans de Barcelona, a la meva ment només hi havia els Jocs, ara la tenia plena de tribulacions. De fet, conec dotzenes d'especialistes i entrenadors de l'URSS que van marxar. Un exemple molt clar és l'entrenador de Serguei Bubka, Vitali Petrov, que va anar a Itàlia. Jo vaig rebre propostes de l'estranger, però vaig optar per quedar-me a Rússia. Quan vaig veure que no seria als pròxims Jocs, vaig plegar. Psicològicament va ser molt dur veure que m'havia perdut Moscou, Los Angeles, Seül i que ara no estaria a punt per a Atlanta. La meva carrera olímpica, setze anys de professional, es resumien en una ciutat i una data: Barcelona 92.

14. *Pobeda* significa 'victòria'.

Apuntar bé

Iuri Fedkin, tir

Estem a punt d'entrar a les instal·lacions del CSKA, al centre de Moscou. Han calgut gairebé dos mesos de tràmits per arribar fins aquí. Una visita d'aquestes característiques només la pot autoritzar el Ministeri de Defensa i, tractant-se d'un periodista estranger interessat a parlar amb un tirador, la nostra petició ha estat examinada amb microscopi. Entre trofeus i quadres esportius, ens espera un home amb una elegància clàssica: vestit blau marí, amb corbata ampla de ratlles diagonals controlades per una agulla daurada que és un fusell. Al pit de l'americana, l'escut del CSKA. Si ell volgués, ens podria matar des de tanta distància que ni el veuríem; escolliria el punt exacte on dirigir la bala: entre les celles, a un ull, una templa... I deixaríem d'existir. Per sort, sembla totalment pacífic. La rialla de benvinguda indica que podem parlar del que vulguem l'estona que convingui. Aquesta és la seva història.

La paraula тир ('tir'), curta i clara, era un imant poderós. En Iuri havia arribat a la conclusió que els nens havien nascut amb l'instint de voler disparar. Només s'havia de veure com convertien les seves mans en pistoles per jugar quan encara amb prou feines podien llegir. La prova més clara, pensava, era l'èxit que tenien les parades dels parcs d'oci a Moscou. Sota la paraula *tir* creixia sempre l'alegria. No hi havia prou balins al món per cansar tots aquells nois. Els diners dels pares s'esgotaven molt abans que ells. Ja posava un peu a l'adolescència quan, amb tretze anys, un final d'estiu, passejant amb uns amics, van veure a la façana d'un edifici aquell imant acompanyat d'un mot més enigmàtic: «Galeria de tir». Hi van haver d'entrar.

—Nois, es pot saber què hi feu, aquí? —els va interceptar de seguida una veu masculina.

—Volem disparar!

Aquella franquesa va entendrir Víktor Antonóvitx Gromov.

—Ui, vosaltres voleu córrer massa. Va, veniu cap aquí que us explicaré quatre coses.

Els va portar a la galeria i de seguida van veure que allò no tenia res a veure amb les fires. La diana estava al final d'un passadís de 50 metres.

—Això és un fusell. Sabeu de quines parts consta? Pots agafar-lo...

El va entregar a en Iuri, que no sabia res de les parts ni del funcionament, perquè les úniques armes que havia disparat fins a aquell moment eren d'aire comprimit. Aquella classe teòrica l'estava fascinant.

—Com podem utilitzar un fusell de manera segura? —prosseguia en Víktor Antónovitx disparant preguntes que el tenien a ell mateix com a blanc. Fins que va dir—: I, ara, som-hi, fem un parell d'intents!

En Iuri estava realment excitat amb aquella joia a les mans. No havia de fer força per sostenir-la perquè estava ajustada a un suport. Aquella distància era imponent. Un tret... i el segon.

—A veure com ha anat —va dir en Víktor.

No havia encertat el centre de la diana, però no m'havia quedat gaire lluny.

—Per ser un principiant, no està gens malament! T'agradaria venir al nostre club?

—Com? Podria? M'encantaria! —va respondre entusiasmat i convençut que mai havia apuntat tan bé com quan feia una estona havia proposat als companys entrar en aquell local.

El dilluns següent no tan sols va començar el curs escolar. A la tarda, Iuri Fedkin va entrenar per primera vegada a les ordres de Víktor Antónovitx. Com més hores passava disparant, més estimava aquelles armes. No va trigar gaire a guanyar el campionat del districte. Li van entregar un pin que indicava que a l'àrea on vivia no hi havia ningú de la seva edat amb més bona punteria. N'estava tan orgullós que portava la insígnia sempre clavada al pit, a l'escola i allà on anés. El nivell que havia assolit va fer aconsellable que se separés d'aquell home que li havia obert les portes de la seva galeria tan amablement. En Iuri prometia, i calia buscar un club i un entrenador amb més garanties.

El talent de Iuri Fedkin no va passar desapercebut durant el servei militar. Molt abans d'acabar els dos anys de servei obligatori, quan feia tan sols nou mesos que era recluta, ja el van ascendir a oficial tècnic. Es comprometia a entregar el seu talent a les Forces Armades durant vint-i-cinc anys. Per a ell, volia dir simplement entrenar i entrenar més, cobrant millor que fins ara. En teoria, però, servia a l'exèrcit i la situació a l'Afganistan li generava una mica de neguit. La lògica portava a pensar que els comandaments voldrien els soldats amb més punteria a primera línia de front fent una escabetxada a qualsevol que es bellugués. Però Fedkin es va trobar amb una sorpresa agradable, confirmada més endavant amb les dues guerres de Txetxènia: la pàtria els considerava més útils a les arenes esportives. No es volien arriscar a perdre medalles, hi havia infanteria amb escreix per enfangar-se a les trinxeres. A més, a la llarga, ells podien ser els encarregats d'entrenar altres tiradors, de multiplicar les capacitats de la tropa. Calia, per tant, preservar-los.

Amb guerres o sense, la seva rutina variava poc: sis hores diàries disparant. Aquesta entrega va quedar compensada als vint-i-cinc anys amb la primera oportunitat de competir per la Copa del Món, a Mèxic. En tenia tantes ganes i estava tan nerviós, que va fer una actuació lamentable. Tant, que es va pensar que l'expulsarien de l'equip nacional. La sortida a Mèxic, però, incloïa, just després de la Copa del Món, la participació en un altre torneig internacional, el Benito Juárez, i no hi havia temps de modificar l'equip. Fedkin no tan sols va ser el millor tirador soviètic, també va superar els de tots els altres països. Després d'aquella victòria, si algú tenia al cap fer-lo fora de la selecció, s'ho havia de rumiar.

El 1992 Iuri Fedkin encara no sabia que Barcelona es convertiria en la seva ciutat preferida per sempre més. Però hi viatjava amb confiança. Tot i que en el darrer Campionat d'Europa havia quedat segon, havia estat gairebé un empat tècnic amb el primer classificat. Es trobava més bona forma que mai. Era el vigent campió del Món i havia batut un rècord del món.[15]

El tir és un esport molt específic. Et situes a la línia de foc, amb el rifle i, davant teu, només hi ha la diana. No hi ha cap contacte amb ningú, cap obstrucció, cap element exterior pertorbador. És una lluita en solitari, amb la concentració i la pressió psicològica amatents. La majoria dels competidors saben que tant ells com els seus rivals estan preparats per encertar el cercle que els atorga 10 punts. En circumstàncies normals, empatarien

15. Fedkin va batre sis rècords mundials al llarg de la seva carrera.

tots amb la màxima puntuació. Però no hi ha circumstàncies normals en uns Jocs Olímpics. La categoria en la qual competeix Iuri Fedkin és la del rifle d'aire. La diana es veu minúscula a un pam de la vista. El punt central que dona la màxima puntuació mesura 0,5 mil·límetres! Un microbi que desapareix quan es va enretirant fins als 10 metres de distància. És un esport de tanta precisió, que el puntet central també està dividit en deu parts. No és el mateix tocar-lo al bell mig que parcialment i això ho diluciden uns sensors digitals més hàbils que la vista humana. La carabina no porta mira d'augment, no hi ha telescopi que ampliï la visió i l'arma no es pot recolzar en cap suport. Cames obertes, posició lateral, la mà esquerra per sota del canó, la culata es fixa a l'espatlla dreta. S'han de disparar 60 perdigons en 105 minuts a la primera ronda. Només els vuit millors passaran a la final.

Fedkin va prement el gallet amb pols ferm. Carrega la carabina, i hi torna. 53 dels 60 trets han anat al centre diminut del blanc. Ha estat el millor. A la ronda següent, va desbancant els altres set finalistes. En una jornada ha batut dos rècords olímpics.

La Unió Soviètica considerava fonamental que els ciutadans, per anar bé tots, sabessin muntar i desmuntar un fusell i fossin capaços de disparar-lo. A Barcelona 92, aquesta filosofia va quedar reflectida al medaller. Els tiradors i tiradores de l'Equip Unificat van sumar onze medalles en les diverses categories. L'escola soviètica era molt poderosa. «Miri el que acostumaven a dir aquí: "De tiradors de primera classe n'hi ha a tot arreu, a cada lloc del món. Però per què guanyen els del nostre país? Perquè el sistema venç la classe"».

Terratrèmol armeni

Mnatsakan Iskandarian, lluita grecoromana
Srael Militosian, halterofília

En aquell embolic s'hi havia ficat ell solet. Havia estat un acte voluntari, però maleïda l'hora!

—A qui li agradaria venir a fer lluita grecoromana?

Per què diantre havia aixecat la mà tan decididament davant de tota la classe? Ni en el pitjor dels malsons s'hauria imaginat que els entrenaments se li farien tan pesats. Ara no hi volia anar ni a punta de pistola. Fins al punt de trobar-se en aquella situació tan surrealista. Amb onze anys ja fets, i amagat a sota del llit! Podia sentir la conversa des de la distància. La posició era ben fumuda.

—Que és a casa en Mnatsakan? Hauria de ser a l'entrenament.

—Sí, passi, passi. És a l'habitació —responia la mare, col·laboradora!

Si l'entrenador se l'emportava arrossegant cap al gimnàs era per un motiu molt simple: tenia un talent extraordinari. En les dues primeres sessions havia quedat impressionat amb aquell nen. La destresa en combat tenia, en part, una explicació: no era ben bé novell. Amb els seus germans grans i amb els amics del barri, l'entreteniment preferit era mesurar forces al primer parterre que podien convertir en un tatami. Però, per a Mnatsakan Iskandarian, entrenar formalment havia resultat un calvari. Estava acostumat als espais oberts i no trobava agradable tancar-se a suar. Fins que, setmanes després, sense motius gaire clars, la tortura va transformar-se en motivació i tota la resta va desaparèixer. A la seva vida només existia la lluita grecoromana.

Quan acumulava tot just dos mesos de tres sessions per setmana a la Societat Spartak, ja el van fer participar en el campionat de la seva ciutat, batejada en honor al pare de la Revolució, Leninakan,[16] la segona més gran d'Armènia. La categoria mínima era de 32 quilos i ell en pesava només 29. El balanç de la seva estrena en competició va ser de tres victòries i dues derrotes. Va quedar tercer. L'inici, prometia.

En el trànsit adolescent es va confeccionar un règim de treball criminal: es llevava a les sis del matí i s'afegia al programa de preparació de l'entrenador, que l'esperava sempre puntual al parc. Corrien a les fosques, feien uns quants exercicis i tornava a casa per esmorzar. Després se n'anava a l'escola. Seguia les primeres tres classes, però se saltava les tres últimes per tornar a entrenar al gimnàs. Al migdia, s'exercitava amb altres grups d'edat i de pes. Cap a les quatre de la tarda, anava a casa. I, a les sis, es presentava de nou a la Societat Spartak, ara sí, per entrenar al torn que li tocava. No tornava a veure la família fins a quarts d'onze de la nit. I a les sis, sonava el despertador. Era molt dur, però, al mateix temps, li encantava. Un vespre es va presentar molt abans del que era habitual a casa. Quan va entrar, l'àvia i la mare es van desmaiar alhora. Era impactant veure'l tan enguixat i masegat. En poc temps, s'havia trencat

16. *Leninakan* va ser la denominació durant el període soviètic. Des dels anys noranta, es diu Gyumri.

costelles, cames i braços. Quan la mare li va exigir que plegués, ell va amenaçar de començar a fumar. Va funcionar.

A Leninakan hi havia un nivell altíssim i els entrenaments s'anaven sofisticant, amb el material més senzill. Iskandarian s'havia situat en la categoria de fins a 74 quilos. I estirat a la banca de pectorals, aixecava 120 quilograms. Però on guanyaven tècnica era amb les pedres. Els feien bellugar roques desgastades, sense cantons. Eren boles que pesaven menys de 15 quilos, però calia fer treballar tot el cos per controlar-les i que no rellisquessin cames avall. Els músculs de les cames, la posició dels peus, el treball d'esquena, de les mans i els dits, cada articulació havia de col·laborar per sortir amb èxit de la prova. Calia agafar la pedra per sota, controlar-la a poc a poc, aixecar-la i, finalment, llançar-la a dreta o a esquerra. Ja podien tenir màquines sofisticades a Occident. N'hi havia alguna de més efectiva que les roques llimades pel pas del temps?

El 1985, quan tenia disset anys, li va arribar la seva primera competició internacional, a Praga: Campionat de l'Amistat. Hi participaven els països sud-americans, asiàtics, europeus... sempre que orbitessin en l'esfera socialista. Els lluitadors dels països amics van ser derrotats sense clemència per Mnatsakan Iskandarian.

Tres anys més tard, va guanyar la Copa del Món per equips a Grècia. Un dels companys que havia contribuït al triomf era també de Leninakan i el 7 de desembre del 1988 els van citar al gimnàs. Els esperava una televisió per gravar un reportatge de les dues promeses locals. Iskandarian estava molt excitat i, per a l'ocasió, va decidir estrenar un xandall de cotó i unes botes Asics, que li havien costat un dineral i molta paciència. Per un cop, se sentia protagonista, tot i que tenia inculcat que les victòries s'havien de celebrar poc i posar-se a pensar de seguida en l'objectiu següent. Estava escalfant davant de la càmera quan, tot d'un plegat, van sentir un estrèpit espantós. Van sortir al carrer. La gent no es podia sostenir dreta. Una onada recorria l'asfalt. Iskandarian va recórrer disparat els 3 quilòmetres que hi havia fins a casa seva.

El terratrèmol va deixar Leninakan, Spitak i altres poblacions de la zona devastades. Van morir 25.000 persones, desenes de milers van quedar ferides i centenars de milers es van quedar sense casa. Iskandarian es va veure obligat a modificar la rutina diària. A les sis del matí s'entrenava a prop de casa. No hi havia llum ni aigua corrent. Es rentava amb aigua freda i, tot seguit, sortia a buscar menjar. Després d'esmorzar, i abans d'anar a entrenar, es dedicava a recuperar cossos de sota els enderrocs. Un matí va desenterrar el pare d'un amic. Però el pitjor va ser localitzar la mare d'un company d'equip. Estava abraçada al seu fill petit.

Israel Militosian s'entrenava a la Profsoiuz, la societat de la unió de sindicats. Feia halterofília. Aquell any havia aconseguit la medalla de plata als Jocs de Seül i no l'havia satisfet del tot. Estava convençut que s'hauria penjat l'or si el seu entrenador no l'hagués espremut tant en l'entrenament del dia anterior a la final, quan el va fer traginar pesos massa pesants. Va ser un error.

El terratrèmol el va tocar més de prop encara que a Iskandarian. Va matar la germana i el germà d'Israel Militosian. Podia retirar les pedres que ho sepultaven tot amb més facilitat que ningú. Tenia la força d'un toro, una tècnica imbatible i molta ràbia acumulada. No obstant això no es veia amb cor de res, ni de seguir entrenant. I això, que havia nascut per a l'halterofília. L'esport li corria per les venes. El culpable d'aquella addicció era el seu tiet. Vardan Militosian va ser el primer armeni a guanyar una medalla olímpica, la de plata, en halterofília, als Jocs de Montreal. Va posar els fonaments d'una Meca de l'esport, una pedrera de campions de l'aixecament de pesos i de la lluita. Leninakan, aquella ciutat d'uns dos-cents mil habitants,[17] aconseguiria més medalles que països sencers. L'Israel va veure actuar el seu tiet i va quedar enlluernat. Quan va fer dotze anys, l'oncle Vardan es va convertir també en el seu entrenador. Mig any després, el nebot ja aixecava barres amb el mateix pes que el seu cos. I amb setze anys, va quedar campió de l'URSS, però no en la categoria júnior, la que li corresponia, sinó en la sènior! La progressió va ser meteòrica fins a igualar el tiet, amb la plata olímpica del 88, a Seül. Ara aquell tremolor de terra amenaçava d'esquerdar també la seva trajectòria. El dol pel terratrèmol, pels germans, el va deixar mesos inactiu.

El 1989, Israel Militosian va tornar amb tant fervor, que va batre el rècord del món en la seva categoria, de fins a 67,5 quilos. Podia aixecar d'una sola tacada, amb la tècnica de l'*snatch*, 160 quilos, gairebé el triple del seu propi pes. Va quedar campió d'Europa i del Món. Després, en els anys anteriors als Jocs de Barcelona, el metall que més va tocar, però, va ser l'argent. Per això no es podia donar per garantit que s'enfilaria al capdamunt del podi, el 92.

Les proves d'halterofília consten de dues fases. La primera és l'arrencada, quan s'alça la barra des del terra per passar-la directament per damunt del cap. Amb aquesta fuetada elèctrica, un sol moviment ràpid, Militosian va aixecar 155 quilos a Barcelona. La segona modalitat consisteix a aixecar la barra en dos temps. Primer s'aterra el pes a l'altura de les espatlles i, tot seguit, amb el segon moviment, cal estirar els braços per da-

17. Després del terratrèmol, Leninakan-Gyumri es calcula que va perdre més de cinquanta mil habitants comptabilitzant els veïns que van morir i els que van marxar perquè havien perdut la casa.

munt del cap. L'armeni va aconseguir-ho amb 182,5 quilograms. En total, 337,5 quilos que valien un or. Israel Militosian va ser el primer campió olímpic de l'Armènia independent.

Mnatsakan va arribar als Jocs de Barcelona com a favorit. Els anys 90 i 91 va ser el millor del món en la categoria de lluita grecoromana de 74 quilograms. Feia temps que no li feien ni un sol punt. Però ell no feia cas dels pronòstics. Es plantejava només guanyar el següent combat. Ni de petit ni ara, païa bé les derrotes. Reaccionava plorant cada vegada que perdia, fins i tot als entrenaments. I sabia que tothom en la lluita i en qualsevol altre esport pot perdre un dia o altre. Però la seva obsessió era com sumar el punt següent. El noi que es llevava per anar a córrer a les sis del matí ara era un home fet que es continuava imposant una disciplina tan estricta que no va anar a la cerimònia inaugural dels Jocs de Barcelona. Ni tampoc a la clausura. Al llarg de la seva trajectòria professional, va participar com a esportista o com a entrenador en cinc Jocs Olímpics i no es va permetre ni una sola festa d'obertura ni de tancament. Hi anava a competir, no volia cap distracció. Acostumava a ser el competidor més baix de la seva categoria. Però tenia una tècnica extraordinària i era llest com una mala cosa. Va posar la directa fins a la final. Se les veuria amb el polonès Josef Tracz. En un moment del combat, va alçar el polonès en posició vertical, no li tocaven les cames a terra, va intentar llançar-lo en una direcció i el rival ho va evitar, però el que no va saber com defensar és que, tot seguit, sense entendre d'on treia l'energia aquell coi d'armeni, el va fer volar en direcció contrària. Es va imposar 6 a 3. Com que era una final olímpica, Mnatsakan Iskandarian es va permetre celebrar la victòria molt més efusivament del que era habitual en ell. Va fer un salt mortal d'esquena i una altra volta endavant per quedar-se tombat a la catifa, al cel.

El combat que va impactar més Iskandarian i tots els espectadors de l'INEF de Barcelona, però, va ser el que havia vist abans de la seva final, el del seu company també armeni Alfred Ter-Mkrtchyan. Es disputava l'or enfront del noruec Jon Rønningen, en el pes mosca, en la categoria de fins a 52 quilos. Vigilaven tant de no cometre errors, que no els fessin un punt, que cap dels dos puntuava. Fins que, quan mancaven només cinquanta segons per al final, l'armeni, embolcallant el noruec amb els braços, li va fer donar una volta sencera fins a tornar-lo a deixar de panxa a terra. Aquella rebolcada equivalia a un punt. Per la mínima, però Ter-Mkrtchyan seria campió olímpic. Van passant els segons i el lluitador de l'Equip Unificat es va espolsant de sobre el noruec. Ja només queden vint segons per a l'or. El noruec accelera, però sense fortuna. Queden deu segons perquè l'amic d'Iskandarian sigui el primer vencedor olímpic en lluita de la seva pàtria a Barcelona. El compte enrere és ja visible a les pantalles de televisió. Els números en groc comencen a caure: 9, 8, 7... i el jutge atura el combat. Indica passivitat de Ter-Mkrtchyan. S'haurà de situar en la posició de panxa a terra a la catifa i Jon Rønningen, en posició d'atac, l'agafarà per darrere. És una situació que es pot produir diverses vegades en cada combat. «Set segons per a la glòria», pensa l'armeni. Tants anys de feina i el premi és a set segons, a un instant. Rønningen esbufega, no té pressa per reprendre el combat perquè està exhaust. Intenta agafar aire. L'àrbitre xiula. Ter-Mkrtchyan deixa caure el cos a terra de seguida perquè el noruec no el pugui anellar. L'armeni se'n surt bé. 5, 4, 3, 2, 1... Rønningen li passa una mà per sobre l'espatlla i amb l'altra més avall el fa voltar. El torna al mateix punt. Empat. Mkrtchyan creu que ja no queda temps per res més, però una dècima és una dècima i el noruec l'aprofita per fer-li una segona sotragrada, una altra rebregada que puntua. Dos a un. L'Equip Unificat protesta. Considera que el segon punt no ha de pujar al marcador, perquè ha estat fora de temps. Els àrbitres analitzen les imatges amb deteniment i concedeixen la victòria al noruec. Els espectadors aplaudeixen, Rønningen té més claca a l'INEF. L'armeni es revolta desconsolat damunt del tapís. Fa una pausa, obligat per la noblesa que regeix aquest esport, per donar la mà esportivament al seu rival i torna al lament. Dos entrenadors l'agafen per portar-lo cap als vestidors. Les cames no el sostenen. Està desfet. Ningú no s'ho pot creure. Tampoc Mnatsakan Iskandarian. Més tard comenten junts la derrota: «Estava en la posició de terra i davant meu només veia la medalla d'or». Iskandarian està convençut que el factor decisiu en els combats és el psicològic. Aquell és el final més dramàtic que ha presenciat mai Iskandarian. Un últim segon despietat que va restar brillantor a la que, segurament, és l'actuació més efectiva d'un país a Barcelona 92. Armènia va enviar-hi cinc esportistes. Només un va tornar sense medalla. Quatre podis de cinc possibles. Les quatre esferes haurien estat d'or, si l'or no hagués enlluernat abans d'hora Ter-Mkrtchyan. En qualsevol cas, els armenis van fer una contribució molt valuosa al medaller de l'Equip Unificat. Iskandarian afirma que l'URSS —ell prefereix aquesta denominació que la d'Equip Unificat— era una potència molt difícil de batre:

—Era un sistema molt ben equilibrat que funcionava gairebé en cada disciplina esportiva i a través de tota la Unió Soviètica. Els entrenadors estaven molt ben preparats. En lluita, per exemple, dues vegades l'any, quan les competicions baixaven el ritme, hi havia seminaris d'una setmana per als preparadors físics. Tots reunits, seixanta o setanta entrenadors, parlant de mètodes, tècniques, teoria i pràctica... Això va desaparèixer amb l'URSS. Sí, ara em conviden a fer classes d'exhibició; són un espectacle bonic, potser algun nen es motiva, però no té res a veure amb la profunditat que tenien aquells seminaris pensats per a entrenadors. I quant als esportistes, el més important era que tots teníem les mateixes condicions. Tant era de quina república soviètica fossis, si tenies un amic popular o si eres fill d'algú poderós. En canvi, aquests factors sí que influeixen avui. Aleshores només hi havia una norma: entrena i sigues el millor.

El pes de l'or

David Khakhaleixvili, judo

VA ENTRAR A L'ESTADI DE BARCELONA sentint el pes de la responsabilitat. Darrere de Karelin, que portava l'emblema que els representava a tots, a ell l'havien escollit com a portador de la bandera de Geòrgia. I aquest honor, el judoka el volia correspondre amb una medalla que tot just podia pesar 500 grams. Possiblement, una mica més de mig quilo, perquè pretenia la que havien banyat en or.

David Khakhaleixvili tenia vint-i-un anys i competia en la categoria de més de 95 quilos, la dels esportistes que quan pujaven a la balança apuntaven sensiblement més enllà del número 95. Fregaven més aviat els 115 o els 140 quilograms. Tot i que li van tocar la majoria de rivals més complicats, els va anar guanyant a tots. L'estrella japonesa, Naoya Ogawa, també es va desfer fins i tot d'aquell os francès tan prometedor, Douillet. I allà es tenien l'un a l'altre al davant dels espectadors del Palau Blaugrana. Vistos per separat, semblava que no hi pogués haver ningú més gros. Però, vistes les dues moles en aquesta posició que permetia establir comparacions directes, la conclusió era que la japonesa era una mica més alta i voluminosa. Ja es coneixien. A l'última gran final, en una Copa del Món, el japonès va vencer el georgià.

El jutge dona l'ordre perquè comenci el combat i l'Ogawa avança decidit cap a en David amb els braços per endavant. El georgià li demostra de seguida que agafar-lo li costarà i que ha de vigilar també amb les cames, perquè ha estat a punt de desequilibrar-lo. Serà un corcó, per dalt i per baix. Es mostra àgil i decidit, però han anat reculant fins al límit del tatami i David Khakhaleixvili ha de parar atenció de no sortir-ne. Amb tot, és més llest que la gana i té molt ben estudiat el rival. L'Ogawa vol temps per rumiar els seus moviments, però no n'hi dona. El georgià el corba endavant fent pressió amb la mà dreta per darrere el clatell i, de seguida, ja li té aquella mateixa mà al cinturó. Executa una clau precisa que envia el japonès a terra. En David s'avança. Es reprèn el combat. Tot el que intenta Naoya Ogawa és en va. Khakhaleixvili no es deixa fer res fins que, de sobte, li passa la cama dreta per darrere els peus i es llança amb el pes cap endavant. El gegant japonès cau d'esquena al tatami: és el segon *waza-ari*. Per tant, *ippon*. Khakhaleixvili s'agafa les dues mans i celebra el triomf. Aplaudeix. Ha resolt la final en un minut. L'or, lleuger com una ploma, li penja al pit.

David Khakhaleixvili era una d'aquelles persones que sempre havia fet la mateixa cara: ulls enfonsats sota una mata de cabells espessa i fosca i un llavi superior com el de ningú més que dibuixava el perfil d'una gavina amb les ales esteses. La fesomia a les fotografies de quan tenia cinc anys era la mateixa de les imatges de vint anys després. Era el rostre d'un bon home i els qui el coneixien deien que la cara no enganyava.

Feia anys que no havia de rumiar quan li preguntaven quin havia estat el moment més feliç de la seva vida. I ara estava disposat a aconseguir que la resposta no fos tan òbvia. S'havia preparat a consciència per a Atlanta 1996. El seu entrenador el va veure marcar 160 quilos de pes abans de començar les sessions més intenses. Ara, arribava als seus segons Jocs Olímpics en molt bona forma: pesava 135 quilograms i tenia mentalitat guanyadora. Si tot anava com havia d'anar, la final es preveia entre dos Davids, dos judokes immensos en tots els sentits: el francès Douillet (1,96 d'alçada i 125 quilos de pes), bronze a Barcelona, però vigent campió del Món, i Khakhaleixvili, més baixet, però més pesant i campió d'Europa en aquell moment.

Les proves de judo, com les de boxa, comencen amb el ritual de pesar els competidors. És una operació que té sentit en les categories on hi ha un límit de pes per garantir combats equilibrats. Poca emoció tindria una lluita entre un esportista de 60 quilos i un de 87, i per això es comprova oficialment que cadascú competirà a la categoria que li pertoca. Fins i tot, el moment pot tenir certes dosis d'emoció, perquè hi pot haver judokes que calculen moure's al límit permès de la seva franja. En els pesos pesants, no obstant això, és un cerimonial decoratiu, perquè no hi ha límit. Qui pesi 105 quilograms podria competir amb algú que en marqués 195 o més.

L'endemà de la inauguració dels Jocs d'Atlanta, el dissabte 20 de juliol, David Khakhaleixvili es va llevar ben d'hora per recórrer els primers metres cap a l'or: pujar a la balança. Va sortir de la Vila Olímpica amb l'entrenador cap al World Congress Center de Geòrgia, la seu de les competicions de judo. Atlanta és la capital de l'estat nord-americà de Geòrgia. Malgrat que el nom respon a la petjada colonial britànica, allò podia ser un senyal més per a Khakhaleixvili. Ell era l'esperança més clara per a l'or de tota la delegació de Geòrgia.

No va ser senzill arribar fins a aquell edifici amb la ciutat plena de restriccions de mobilitat. Un cop a destí, un primer esglai: allà no hi havia rastre d'altres judokes. En aquell conglomerat d'edificis moderns, els van dir que no trobarien cap balança esportiva. El pesatge s'estava fent a la mateixa hora d'allà on havien sortit: a la Vila Olímpica! La situació era crítica. La informació que tenien era incorrecta. La taquicàrdia per sortir volant fins a la Vila no els va servir de res. Quan van presentar-s'hi, el procés feia uns minuts que havia acabat. David Khakhaleixvili va quedar desqualificat abans de començar a competir. No s'ho podia creure. Aquella mateixa tarda, Douillet es va proclamar campió olímpic. A peu de la pista on es feien les competicions de judo, Khakhaleixvili va respondre així la pregunta d'una periodista de la televisió del seu país natal:

—Tenia l'oportunitat real de demostrar, en primer lloc a mi mateix, que serveix d'alguna cosa treballar tant. I, en canvi, ha passat un fet estrambòtic i totalment oposat. La paraula no és *estrambòtic*, sinó *atroç*. No és que estigui amoïnat, és que el cor se m'està esmicolant. Preferiria sortir a competir i trencar-me el braç o la cama que no pas sentir aquesta vergonya.

David Khakhaleixvili no va tornar a ser el mateix. Va deixar el judo. Va fer una aparició en sambo —i quina aparició, campió del Món!—, però no va aconseguir refer-se de la desil·lusió d'Atlanta. Per a ell, el judo havia passat per davant de gairebé tot. L'entrenador que va viure aquell moment fatídic amb en David va ser Berdia Gugava. La seva veu, a l'altra banda del telèfon, aparenta més anys dels seixanta-cinc que marca el seu passaport. Sona prima i sembla obligada a fer pauses llargues abans del que li tocaria.

—Va ser una errada del Comitè Organitzador. A les quatre de la matinada, els vaig preguntar si hi havia alguna novetat. Em van respondre que no i em van mostrar la ruta. La persona que em va informar no es va adonar que el pesatge de la lluita lliure i la lluita grecoromana sí que es faria al lloc de la competició, però el del judo no. I va resultar que es feia a la Vila Olímpica. Vam arribar-hi dotze minuts tard. Res no ens va salvar. No ens van permetre pesar-lo. Havien tancat a les nou i eren les nou i dotze. Estic convençut que en David hauria arribat a la final.

—Com va reaccionar?

—Va deixar de lluitar per culpa d'això. Li vaig pregar que continués entrenant, era el millor judoka que he conegut, però va ser en va, estava ofès a l'ànima. Quan ens van preguntar què havia passat, jo vaig assumir tota la responsabilitat i en David es va enfadar amb mi. «Quan la nau s'enfonsa, el capità es queda al timó», vaig dir. Després d'això, però, em va fer padrí del seu fill.

Rostom Khakhaleixvili té una retirada al seu pare i només paraules d'amor per a ell. La versió que m'explica del que va succeir a Atlanta és una altra.

—S'han dit moltes coses, però t'explicaré el que el meu pare creia que havia passat realment. Em va dir que tenia molta confiança que seria campió olímpic per segona vegada, que estava més bé que David Douillet. El pare sospitava que algú de l'equip olímpic georgià es va embutxacar diners perquè quedés fora de competició. No va trobar convincent cap de les explicacions que li van donar, no hi havia hagut cap situació inesperada. Per això s'inclinava a pensar que va ser un suborn.

—Fins a quin punt el va afectar la patacada?

—Gairebé no en va parlar mai. L'única frase que li recordem la família és: «Va ser el dia més fosc de la meva vida». Va deixar d'entrenar. Després va decidir fer sambo, va ser dues vegades el millor del món, i aleshores sí que va deixar l'esport definitivament.

David Khakhaleixvili va començar a tenir problemes de salut greus. L'entrenador, Gugava, creu que hi va influir la seva hospitalitat: «Tothom a Kutaisi l'estimava i sabia que tenia les portes de casa seva obertes, que hi hauria menjar en abundància i vi.

Això, combinat amb el fet de deixar l'entrenament de manera sobtada... no va ser bo per al seu cor».

El fill, en Rostom, m'explica que els últims deu anys de la vida d'en David van ser molt durs. I els dos últims un autèntic malson: gairebé no podia dormir. Tenia diabetis i problemes cardíacs cada vegada més greus, fins que els metges van dir-li que la situació era límit, li calia un transplantament de cor. La família Khakhaleixvili, però, no tenia diners per assumir l'operació. Els qui el coneixien l'apreciaven tant que, quan va córrer la veu, van posar en marxa una col·lecta per aconseguir que fos operat a Bielorússia. Hi van contribuir des dels amics fins a judokes o, fins i tot, l'home més ric de Geòrgia, l'exprimer ministre Bidzina Ivanishvili. Amb el mig milió de dòlars que van recollir, van fer-li el trasplantament. Semblava que l'operació quirúrgica havia anat bé. Però van començar a fallar els ronyons i va requerir diàlisi. Després, es van queixar els pulmons. Havia desenvolupat una sèpsia greu. Va morir l'11 de gener del 2021, a l'edat de quaranta-nou anys i amb el dubte de com li hauria anat la vida sense carregar el pes insuportable de la medalla perduda a Atlanta.

Pròrroga

Sense treva (1992-2022)

QUEDAVEN VUIT-CENTS ANYS ENCARA perquè proclamessin que Crist voltava per Galilea quan es va introduir la idea de treva olímpica. El motiu és fàcil d'entendre: les ciutats estat gregues estaven constantment embrancades en algun conflicte que dirimien a cops de fona, afinant la punteria amb els arcs o a punta de llança. Els combats ocupaven tanta mà de guerra que es va arribar a la conclusió que, si es volia contemplar un espectacle esportiu de primer nivell, calia alliberar temporalment els guerrers que fitxaven al front dia sí dia també. De passada, la treva, l'*ekecheiria,* permetria al públic gaudir més confortablement del llançament de disc, de les curses sense cap peça de roba ni estri que no fos un escut, de les lluites o de la velocitat de les quadrigues. En virtut de la figura de la treva, l'activitat bèl·lica s'interrompia uns dies abans dels Jocs i no es reprenia fins un temps després, perquè tothom pogués desplaçar-se a les competicions i de tornada cap a casa sense por de resultar ferit per la fúria de les fones creuades.

Tot seguit, això sí, s'obria la veda perquè s'esberlessin el cap els uns als altres fins als pròxims Jocs. Deixarem a consideració del lector si es tracta d'una mesura que diu a favor de la Grècia antiga que va posar els fonaments del veritable esperit olímpic o si suposa la constatació que tant l'atracció per l'espectacle esportiu com la resolució de conflictes per vies bàrbares tenen arrels atàviques.

La treva olímpica es va recuperar a partir dels Jocs de Barcelona, que no van ser pacífics. A la primavera del 1992, havia esclatat la guerra de Bòsnia. L'alcalde de la ciutat amfitriona, Pasqual Maragall, va aprofitar el discurs inaugural a l'estadi de Montjuïc per pronunciar, en anglès, aquestes paraules:

> Aquesta ciutat oberta de Barcelona és avui la vostra ciutat, la ciutat del món sencer. Vull esmentar la carta que he rebut del secretari general de les Nacions Unides demanant-me que faci una crida pública al compliment de l'acord del 17 de juliol, per la treva de pau a l'antiga Iugoslàvia, que representaria la treva olímpica de tradició clàssica i, potser, l'inici del sentit comú i del comportament cívic.

Des del 1993, les Nacions Unides conviden els estats membres a respectar la treva olímpica. Com Maragall, clamen al desert. Ignoro fins a quin punt es respectava l'*ekecheiria* fa tres mil anys, però en els nostres dies els salvatges que estan disposats a començar una guerra difícilment l'aturen perquè els atletes puguin saltar tanques o llançar el disc. Les hostilitats continuen fins que tenen assolits els seus objectius militars o fins que es veuen perduts. Per això, les dues activitats ancestrals, la guerra i l'esport, conviuen una vegada i una altra.

Els combats a Bòsnia van durar gairebé tot un cicle olímpic, fins a finals del 1995. Un dels barris bombardejats va ser el de Mojmilo, el de la Vila Olímpica que havia allotjat els esportistes dels Jocs d'Hivern del 1984 (els primers Jocs de l'etapa Samaranch). La germanor que va néixer entre la capital de Bòsnia i Hercegovina i la de Catalunya durant els Jocs del 92 va tenir com a resultat la reconstrucció d'aquells carrers amb ferides de gran importància. El punt neuràlgic que vertebra la ciutat olímpica de Sarajevo és la plaça de Barcelona.

En aquella època, Valdímir Putin era encara un desconegut per a gairebé tothom. Aquell home havia digerit malament el col·lapse soviètic. Sentia una ràbia profunda en observar amb quina desídia aquell bloc enorme s'havia esmicolat i dispersat.

L'últim dia de l'any 1999 Putin va arribar al poder per exercir-lo sense contemplacions durant més de dues dècades. N'acumula tant a les seves mans que sovint se'l compara amb un tsar. Però el seu referent immediat —no em refereixo a la ideologia, sinó a la metodologia— és l'URSS. El règim que ha instaurat, el control sobre els mitjans de comunicació, els òrgans judicials, els partits polítics, la propaganda, el rol determinant dels organismes de seguretat i dels serveis secrets... tot plegat té un aire soviètic. Al capdavall, es va criar a l'URSS, hi va passar la joventut, hi va somniar el seu futur professional i va viure amb amargor feridora l'esfondrament de la Unió de Repúbliques Socialistes Soviètiques.

Ha estat pel seu afany de tutelar els territoris que havien estat sota control de Moscou i la seva ambició de restaurar la potència soviètica que Vladímir Putin ha fet miques en més d'una ocasió la treva olímpica.

Tragèdia i glòria al gimnàs de Beslan

Artur Naifónov, lluita lliure

El diumenge que acabaven els Jocs d'Atenes del 2004, Artur Naifónov no va parar atenció a la clausura. Tenia preocupacions molt més serioses. És cert que havia sentit a dir que els lluitadors russos havien aconseguit deu medalles olímpiques i dos d'ells eren d'Ossètia del Nord, la seva regió. Tothom n'estava orgullós. Però ell pràcticament no havia seguit els Jocs. Era comprensible que tingués el cap i els pensaments en una altra banda. Dimecres, l'1 de setembre, començaria una etapa molt important a la seva vida. Tenia set anys, l'edat de començar l'educació obligatòria a Rússia.

Es va llevar amb les esperances i els temors que acompanyen les primeres vegades. Va esmorzar ràpid i, acompanyat de la mare, l'Svetlana, i la germana, la Sabina, es va dirigir cap a l'escola número 1 de Beslan. La jornada que inaugura el curs a Rússia se celebra amb el Dia del Coneixement i comença amb una cerimònia al pati. El moment culminant és quan un alumne novell, enfilat a l'espatlla d'un de veterà, fa sonar la campana que indica que l'any escolar comença a córrer. Les famílies porten flors ben vistoses que entreguen als mestres.

La Sabina, amb deu anys, ja en tenia experiència, però tot allò era nou per a l'Artur. Quan feia només cinc minuts que havia arrencat l'acte, una trentena de jihadistes van irrompre al pati armats fins als passamuntanyes, carregats amb explosius i disparant a l'aire. Altres atacants esperaven el moment oportú per estendre el terror des de dintre al centre. Van obligar tothom a entrar per la porta principal i per les finestres, després de trencar-ne els vidres. Un centenar de persones van aconseguir escapar, encara no sabien exactament de què. En la fuga, hi va haver ja els primers ferits. Els atacants deixaven clar que allò no era cap fanfarronada. Van convertir 859 alumnes en ostatges. Sumats a les mares, mestres i germans, més de mil cent persones hi van quedar atrapades. La condició per alliberar-los no era poca cosa: exigien al president rus Vladímir Putin que retirés les forces russes de Txetxènia, una regió del Caucas que ja havia patit dues guerres amb l'exèrcit de Moscou. Els extremistes van demanar als ostatges que seguessin al terra del gimnàs. L'Artur es va ajeure amb la mare i la germana. Des d'allà, van observar com els terroristes empaquetaven les cistelles de bàsquet, les espatlleres i les parets amb explosius. Un home va posar el peu damunt d'un pedal. Si el trepitjava, no quedaria ningú viu. A més, dues dones del grup atacant portaven cinturons per detonar-se si arribava el moment. El que havia de ser un dia ple d'emocions esperançadores, s'havia transformat en el pitjor malson que havien patit mai.

Les primeres hores es van fer molt llargues. Quan un home va trencar el silenci amb un idioma que no era el rus, va ser executat davant dels seus dos fills i de tothom. Allà va quedar el cos sense vida durant molta estona. A diversos homes els van fer treballar fins que no els van necessitar més: els van matar a sang freda. El cap dels insurrectes va allunyar una de les dues jihadistes i li va fer esclatar el cinturó perquè havia lamentat les condicions en què retenien els nens d'aquella sala. Ella va ser una de la quinzena de víctimes mortals del primer dia de segrest.

L'endemà, les circumstàncies es van endurir. Se'ls va prohibir beure i menjar. Qui tingués una set insuportable havia de recórrer a l'orina. Les negociacions entre els jihadistes i els interlocutors del Govern no donaven fruits. L'únic que es va aconseguir a la tarda del dia dos va ser que un grup de mares lactants poguessin sortir amb els nadons. Això sí, la clemència tenia un preu alt: si hi havia germans grans, s'havien de quedar al gimnàs, separats de la família. Mentrestant, unitats de l'exèrcit rus i dels cossos especials anaven prenent posicions al voltant de l'escola i un equip de psicòlegs començava a treballar al centre cultural on s'havien reunit molts familiars dels ostatges.

El dia 3 de setembre la situació era límit. La son, la gana, la set i el pànic provocaven desmais, vòmits i al·lucinacions. I al migdia, tot va empitjorar. Hi va haver una explosió molt forta. I, poc després, una altra. Més víctimes. Aprofitant la confusió i el fet que una part de la paret del gimnàs s'havia esfondrat i que les finestres no tenien vidres, uns quants ostatges van veure l'opció d'escapar. La Svetlana va ajudar a sortir la Sabina i l'Artur, que estaven, com gairebé tothom, ferits per la metralla. Ella també va aconseguir saltar a fora del gimnàs, darrere dels seus fillets. Però els terroristes van obrir foc. Quan l'Artur i la Sabina van veure que la seva mare havia quedat malferida, van voler girar cua. Però ella els va cridar que seguissin corrent endavant, que se salvessin. Van ser les seves últimes paraules, l'última voluntat de Svetlana Naifonova, que va morir allà mateix.

Al caos generat pels atacants s'hi va afegir una operació de rescat descarnada per part dels militars russos, que van arribar a servir-se de tancs o llançaflames. Molts familiars segueixen lamentant i retraient a Vladímir Putin que l'operació de les forces de l'ordre es va centrar més a acabar amb el grup d'extremistes que no pas a salvar els ostatges. El segrest va durar cinquanta-dues hores. Van morir 323 persones, 186 de les quals eren nens. És el pitjor balanç d'un atac d'aquestes característiques de la història de Rússia.

El temps va curar les ferides curables, les de la metralla. Però no el trauma d'allò que havien viscut ni la pèrdua de la mare. L'horror sempitern d'aquell gimnàs escolar, l'Artur el va intentar alleujar en un altre gimnàs de Beslan. Com la majoria dels nens al Caucas, va decidir fer-se lluitador. El seu talent, però, no era el de la majoria. Aquell nen podia arribar ben lluny.

Disset anys després de la tragèdia, el 2021, la imatge gegant de l'Artur és als principals carrers d'Ossètia del Nord i del Sud. «Ossètia sent orgull dels seus campions», diu el cartell. L'Artur acaba de tornar dels Jocs de Tòquio amb la medalla de bronze de fins a 86 quilos de lluita lliure. A Beslan hi ha un gimnàs nou, però Naifónov m'ha citat al vell, al de tota la vida, on els joves de la ciutat tenen el seu temple. L'Artur va néixer exactament vint anys després que jo, el 10 de maig del 1997. Fem si fa no fa la mateixa alçada, però quan em dona la mà aprecio que els vint-i-cinc quilos que em guanya no són de greix. Em dobla l'esquena i em triplica el volum muscular.

—Què et sembla si primer entrenem i després parlem?

Em sembla una proposta excel·lent i em situo en un extrem d'una sala rònega, amb el tapís descolorit i la paret escrostonada. Però, quan els nois es posen en acció, brillen. Sabia que eren esportistes durs com roques, però ignorava que podien ser tan àgils. Tenen la flexibilitat dels gimnastes i la potència dels boxejadors. Les garres d'un os i els reflexos d'un lleopard. En dos segons, es poden lluir amb un *flic-flac*. Avui, 31 d'agost, és l'Artur qui conduirà la sessió d'entrenament amb més de trenta esportistes. Estic en una Meca mundial de la lluita lliure.

Em noquegen de seguida, ja en l'escalfament. En concret, en el moment que posen a punt el coll. Situen la part superior del cap sobre el tapís, com si es disposessin a fer la vertical i deixen caure el cos a banda i banda, endavant i endarrere. Les seves cervicals ho aguanten tot. Finalment, s'agrupen per parelles i comencen a fer exercicis d'atac i de defensa. Si els braços de l'Artur t'envolten, no hi ha escapatòria. En canvi, quan ell sembla atrapat, es retorça amb una velocitat elèctrica. Com un ressort, recargola el cos per evitar que l'esquena toqui el tapís. La noblesa amb què combaten i respecten les normes és admirable. En la quinzena de parelles que hi ha al gimnàs, lluitant contra el company amb totes les forces, no hi ha ni una de sola enganxada.

Després de la dutxa, Artur Naifónov ve a parlar amb mi. Gasta les paraules mínimes, però no es guarda ni un bri d'afabilitat.

—Tot el que es veu als combats és el resultat del treball que faig aquí. Quan lluito em sento molt bé, ho gaudeixo. Tenia deu anys, feia cinquè, quan em van portar a aquesta mateixa sala i fins ara no n'he sortit. Els entrenadors m'han sabut inspirar. No crec que tingui un talent especial, soc treballador i tinc una bona condició física. Déu em va donar aquesta oportunitat i l'he agafat. Però estic lluny de representar l'exemple per a la resta de nens que significava Kudúkhov,[18] amb qui havíem entrenat tantes vegades aquí junts.

18. Besik Kudúkhov havia guanyat quatre vegades el Campionat del Món i havia aconseguit dues medalles olímpiques fins que va morir en un accident de trànsit el 2013. No va ser a temps de fer un dels últims relleus de la torxa dels Jocs de Sotxi.

Artur Naifónov té les dues orelles de coliflor. Sempre que viatjo al Caucas, ja sigui a Txetxènia, al Daguestan o a Ossètia, m'entretinc a buscar les orelles típiques dels lluitadors. Normalment, en trobo una, però totes dues alhora no és tan freqüent. El que en una altra part del cos pot ser un blau o un trencament d'os, a l'orella deixa una marca perenne: el pavelló auditiu convertit en runes, una amalgama de protuberàncies i cartílags en forma de turonets que ens poden semblar desagradables de veure, però que al Caucas són símbol de masculinitat. És una lesió realment dolorosa, però com que la llueixen els esportistes més admirats, hi ha nois que intenten reproduir-la en les seves aurícules, de la mateixa manera que algú podria copiar el tatuatge del seu futbolista més estimat. Fins a tal extrem els pàmpols esguerrats poden ser motiu d'orgull en aquesta part de Rússia, que hi ha algun cirurgià al Daguestan que cobra per deixar-te l'orella de coliflor. El mètode és poc refinat: a cops de martell. En qualsevol cas, les orelles que tinc ara al davant, les de l'Artur, són genuïnes, esculpides al tatami sense anestèsia.

—Per què us agrada tant lluitar, als qui sou d'aquestes terres?

—No ho sé, és difícil dir d'on ve l'afició per aquest esport. Potser les muntanyes ens influencien, i com les defensaven els nostres ancestres, que eren gent valenta. La lluita lliure és molt popular i guanya adeptes. Aquí a Ossètia o a Abkhàzia és, sens dubte, l'esport número u entre els nens. Ho pots veure als carrers, els nens lluiten a la gespa. De fet, per a nosaltres així és com es fa una salutació: ens donem la mà, ens abracem i ja estem lluitant. És natural per a nosaltres, ho portem a la sang. El que tenim aquí amb la lluita lliure no passa enlloc més del món. Qui vulgui entrenar bé un nen, ha de venir aquí obligatòriament.

—Has portat un bronze olímpic a Beslan. És un gran resultat.

—Està molt bé, però no és suficient. El meu objectiu és l'or. Som maximalistes en aquest esport i el nostre entrenador ens exigeix només medalles d'or. I nosaltres, també. De manera que al meu cap no hi havia res més que l'or i així és com hauria d'haver estat.

—Per l'edat que tens, arribaràs als Jocs de París en plenitud de forma, ja no queda tant. A qui dedicaries l'or si l'obtens?

—Totes les medalles que he guanyat fins ara són per als meus entrenadors, la família i els amics. Sempre estan molt preocupats per mi. Espero tenir l'oportunitat de dedicar-los l'or olímpic algun dia. Aleshores m'expressaré, no abans.

Artur Naifónov no n'ha parlat mai més d'aquell primer dia d'escola tràgic. Sortim del gimnàs i em porta amb cotxe a l'hotel on passaré la nit. Ell l'endemà se'n va a Moscou. El president Putin ha convocat els atletes que han tornat de Tòquio amb medalla. En aquest vespre d'hospitalitat que em regala encara no podem saber que Putin prendrà una decisió que pot apartar definitivament l'Artur de la medalla que vol dedicar a la seva mare. La violència li tornarà a tòrcer el destí. Putin atacarà Ucraïna.

L'endemà és 1 de setembre. A Beslan, a diferència del que passa a la resta de país, no és el primer dia d'escola. No ho ha tornat a ser i i no sé si ho serà mai més. És un dia de dol. Visito un dels llocs més tristos del planeta, el gimnàs de l'escola de Beslan, en la data més fúnebre, a l'hora més dolorosa. Els familiars i els supervivents d'aquells ostatges ocupen els laterals de la sala i ploren al meu voltant. El gimnàs està molt destruït, sense el sostre, perquè va caure, i amb els impactes visibles de les explosions i els trets a les parets. Les cistelles de bàsquet han resistit, també el terra de parquet, encara que molt malmès. Testimonien el drama les espatlleres ennegrides pel foc. Hi ha penjades les fotos de les més de tres-centes víctimes a les parets. Les miro per ordre, una a una. Constato que hi ha famílies que van perdre fins a quatre persones. Aleshores arribo a la cara d'una dona que no em deixa seguir més. Té unes faccions que em són ja familiars. S'assembla molt a aquell guerrer que vaig conèixer ahir. És la fotografia de Svetlana Valerievna Naifónova-Tsakhilova. La dona que va criar un lluitador admirable. M'agradaria comunicar-m'hi. Explicar-li que el seu fill es va recuperar de les ferides, que és un supervivent admirat a Beslan. I que estic convençut que, si l'Artur pogués competir als Jocs de París, faria l'impossible per dedicar l'or olímpic a la dona que li va donar la vida dues vegades.

2008

Queden inaugurats els Jocs... i la guerra

8 D'AGOST DEL 2008. L'ESTADI NACIONAL de Pequín és ple de gom a gom per assistir a la inauguració de la XXIX Olimpíada. Les càmeres, com passa habitualment, busquen personalitats a les graderies i s'aturen en dues de les més poderoses del planeta: el president dels Estats Units, George Bush, i el primer ministre rus,[19] Vladímir Putin. Els detalls de l'intercanvi d'impressions que mantenen no es poden saber del cert. Però el tema que els ocupa, sí. Rússia ha ordenat l'entrada del seu exèrcit a Ossètia del Sud. Diversos països occidentals, també Washington, ho consideren una invasió de Geòrgia. Per això Bush no està content amb Putin. El conflicte venia de lluny i esclata de manera espectacular justament el primer dia dels Jocs, fent mofa de la treva olímpica.

A principis dels anys noranta, quan l'URSS naufragava, dues regions que havien format part de la República Socialista Soviètica

19. Vladímir Putin va ocupar el càrrec de primer ministre després d'exhaurir el límit de dos mandats com a president. Després de ser el cap del Govern durant quatre anys (2008-2012), va tornar de nou a la presidència que ostenta fins avui dia gràcies a una reforma constitucional que li permet presidir Rússia més de dues legislatures.

de Geòrgia —Abkhàzia i Ossètia del Sud— es van declarar independents. Van començar anys d'escaramusses entre aquestes regions, amb el suport de Rússia, i Geòrgia, que tenia les simpaties dels Estats Units. L'any 2008 el Kremlin estava especialment irritat perquè l'OTAN havia entreobert la porta del seu club a Ucraïna i Geòrgia, per a un futur indeterminat. Tot i amb això, el president georgià estava impacient. L'agenda li cremava a les mans. El dia abans de la inauguració olímpica, el 7 d'agost, va decidir recuperar Ossètia del Sud per la força. Els seus soldats van arribar fins a la capital, Tskhinvali. La resposta de Moscou va ser tan contundent i la força dels dos exèrcits tan desigual que van durar més els Jocs Olímpics que la guerra. Rússia, victoriosa, va reconèixer com a independents Abkhàzia i Ossètia del Sud.

En el front esportiu, a Pequín, Rússia va ser tercera al medaller, darrere de la Xina i dels Estats Units. En el polític, com ja havia passat amb la segona guerra de Txetxènia o a l'escola de Beslan, el president rus demostrava propensió a intentar resoldre els conflictes amb la força.

El cinturó negre de Vladímir Putin

Vladímir Vladímirovitx Putin va néixer a Leningrad (avui Sant Petersburg) el 1952. No l'ofendrem si diem que en els seus primers anys escolars era un gamberro. Així es va definir ell mateix al llibre *Primera persona*: «Era un gamberro, no un pioner. Era un nen dolent». I va ser per intentar imposar la seva llei als carrers del seu barri o, com a mínim, per sobreviure-hi que cap als onze anys es va apuntar a boxa. Però, segons explica, li van trencar el nas als primers entrenaments. El cop el va fer abandonar el ring, però no li va alterar l'olfacte que li continuava indicant que tenir nocions de defensa i atac li seria d'utilitat en aquella jungla urbana. El karate, un esport que va acabar sent prohibit a l'URSS per motius tan diversos com incomprensibles,[20] encara no estava vetat en aquells anys. Però a Putin no el captivava. A banda del fet que les classes eren de pagament, el jove Vladímir el veia si fa no fa com el ballet, perquè considerava que no hi havia el contacte físic necessari amb el rival. Es va decantar pel sambo, una art marcial nascuda a la Unió Soviètica que, com indica el nom en rus, consisteix a defensar-se sense armes (per defensar-se algú ha d'atacar-te i t'ataca un altre sambista, però l'etimologia del nom parla només de parar els cops i no de tornar-los). Del sambo al judo hi ha només un pas, i l'entrenador de sambo el va fer. Va convidar els seus alumnes a abraçar la nova disciplina. No podem saber fins a quin punt Putin exagera els seus relats, com el que explica d'un dia inesborrable al gimnàs. Els tocava fer judo però els karatekes seguien al tapís i l'entrenador no es va immutar quan Leonid Iónovitx li va indicar amablement que era el torn dels judokes. Per fer-l'hi entendre, Iónovitx va canviar de tàctica i, amb una clau incontestable, va arrossegar el seu col·lega fora de la superfície de combat. L'havia deixat inconscient. Putin i la resta de camarades van entrenar-se més cofois que mai. Vladímir Putin gaudia de valent en aquelles sessions: «Si no hagués entrat en els esports, no sé què hauria estat de la meva vida. Van ser els

20. Estudiants estrangers van importar el karate a l'URSS i, a finals dels anys setanta, era un esport molt popular. Tant, que les autoritats el van començar a veure amb preocupació. Segons sembla, els motius eren diversos. Per exemple, que el karate soviètic era una versió més agressiva que el que es practicava en altres països i hi havia por que hi hagués massa persones preparades per enfrontar-se a la policia. A començaments dels anys vuitanta es van prohibir les classes de karate.

esports els que em van treure del carrer». Putin es va redreçar i així és com aquell noi gamberro va quedar reciclat en *pioner*, perquè, per fi, va ser acceptat a l'organització dels comunistes més joves.

La baralla que més impacte va tenir en Vladímir Putin la va viure com a espectador. Havia introduït un amic en l'esport del judo i, en una competició, va impactar amb el cap al tapís amb tanta mala fortuna que es va dislocar les vèrtebres i va morir dies després a l'hospital. Aquella tragèdia no va fer perdre a Putin l'interès pel judo i, segons les seves pròpies paraules, va guanyar el Campionat de Leningrad en la seva categoria el 1976. Es va convertir en cinturó negre i màster tant en sambo com en judo. És difícil saber fins a quin punt era un gran lluitador, perquè no disposem de fonts independents. L'única derrota que li conec la relata ell mateix amb la intenció que considerem que va ser molt disputada i la rebla amb aquestes paraules: «No va ser cap vergonya perdre contra el campió del Món».

El president rus insinua que, si no va arribar ben lluny en el món dels esports, és perquè la lluita esportiva ja no era la seva prioritat. L'objectiu preferent era convertir-se en espia professional. Per això va estudiar Dret i, a finals dels setanta, entra a l'escola número 1 del KGB, a Moscou. El somni es compleix i, com a agent del Comitè de Seguretat de l'Estat (KGB segons les sigles en rus), marxa a treballar a Dresden, a l'Alemanya de l'Est. Mentre l'URSS cau, ell va escalant. L'any del seu ascens total al poder, el 1999, es va publicar un llibre del qual és coautor: *Aprendre judo amb Vladímir Putin*.

Ja com a president, s'ha volgut mostrar sempre com un home actiu, fort, sa i, gairebé, abstemi, qualitats ben contrastades amb les que s'atribueixen a la persona que li va cedir el càrrec, Borís Ieltsin, i respecte del qual sempre ha volgut marcar un punt i a part. Molt a part. Vladímir Putin utilitza els esports i les sessions de fotografia i vídeo per reforçar la imatge d'home dur que vol projectar. I els canals de televisió piquen. Repeteixen fins a la sacietat l'escena de Putin sense samarreta cavalcant un cavall marró. O la vegada que va fer un petó a un lluç de 21 quilos (no va quedar clar si algú havia maniobrat a l'avançada perquè mossegués el seu ham en una imatge que l'imaginari col·lectiu associa ja a dictadors de mala mena). També se l'ha vist pescant amb arpó sota l'aigua. I, a la superfície, fent unes braçades de crol o de papallona. Això sí, sempre poques de seguides perquè no tinguem temps de valorar fins a quin punt és un bon nedador. Puntualment, el conviden a fer activitats més exòtiques, com volar amb ala delta, conduir un fórmula 1 o pilotar una llanxa en un riu de Sibèria.

L'esport del president és qüestió d'estat i, en disciplines escollides, els millors especialistes del país li fan classes particulars fins i tot de matinada. Així és com va perfeccionar el seu estil d'esquí alpí, que llueix al costat del polític amb el qual va fer relleus presidencials, Dmitri Medvédev, o en un eslàlom d'autoritarisme muntanya avall acompanyat del dictador bielorús Aleksandr Lukaixenko.

Quan més impressiona és, segurament, quan el veiem llançant rivals sobre el tatami. El judo és l'esport que més l'ha marcat i l'entrenament que Putin considera més útil per al lideratge polític, segons va declarar abans dels Jocs de Pequín:

> El judo és un exercici per al cos i per a la ment. Desenvolupa la força, la reacció ràpida, la resistència; t'ensenya a controlar-te, a sentir el moment precís, a veure les fortaleses i les debilitats del rival per aconseguir els millors resultats. I el més important, a millorar constantment i treballar amb tu mateix. Estareu d'acord que per al polític tots aquests coneixements i habilitats són simplement necessaris.

Darrerament, però, l'esport que més sembla gaudir és l'hoquei sobre gel. La velocitat amb la qual l'ha après està encaminada a eixamplar la seva llegenda. De jove s'havia calçat els patins, però va ser una experiència més aviat traumàtica, perquè cada cama va prendre una direcció divergent. Putin havia enterrat sota el gel aquell esport, però davant dels joves esportistes que participaven en una universíada d'hivern, el gener del 2011, va prometre que aprendria a jugar a hoquei. Per aconseguir-ho, Putin es va posar sota les ordres d'un excampió del Món, Aleksei Kasatónov. Per trencar el gel, i no cap os presidencial, en la primera sessió el va fer avançar amb els patins agafant-se a una cadira. De mica en mica, però, Putin va anar sentint-se més segur i es va deixar anar. Setmanes després de la paraula donada als universitaris, a l'abril, ja va aparèixer a la pista amb casc i estic per demostrar davant les càmeres els seus avenços acompanyat de joves promeses d'aquest esport. Les seves aparicions patinant amb el dorsal número onze s'han fet habituals. Celebra els seus aniversaris amb un partit d'hoquei i és el patrocinador de La Nit de la Lliga, un acte benèfic que congrega velles glòries russes per promocionar una Lliga *amateur* que suma més de mil equips.

Els responsables de comunicació propers al Kremlin, com sempre, fan una tria molt acurada de les imatges de Vladímir Putin jugant. Mostren el president encertant una vegada i una altra. Comparteix equip o s'enfronta a grans jugadors, però qui es fa un tip de marcar gols és el número onze. Tota l'admiració que pugui despertar el fet que el president rus hagi après hoquei sobre gel quan ja s'encamina cap a la vellesa es desinfla, si s'observa el partit que fan la resta de jugadors. No tan sols no s'hi entreguen a fons, cosa comprensible tenint en compte el caràcter festiu de la vetllada —molts són grans especialistes i es podria considerar de mal gust si anessin a fons en un matx d'aquestes característiques—, però incomoda veure com davant de cada tir de Vladímir Putin comença al seu voltant una dansa de despropòsits perquè el disc acabi al fons de la porteria. Si el tir del president, sempre lliure de marcatge, va dirigit directament contra un defensa, el pots veure, tot d'un plegat, eixarrancat, perquè el disc li passi entre les cames. Si un altre jugador és a prop i podria aturar-lo sense problemes, fa el gest d'estendre el bastó, però amb cura màxima per arribar a destemps. Estic convençut que tinc el beneplàcit de Konstantín Stanislavski des del més-enllà si afirmo que el paperot més galdós el té el porter, que, parapetat amb tota aquella indumentària, es veu obligat a fer contorsions estrambòtiques perquè el llançament esquifit que arriba plorant a la porteria i que impactaria a les seves proteccions desemboqui finalment a la xarxa. Per si no n'hi hagués prou, un cop sona la sirena del gol, els companys d'equip esclaten en una celebració d'or olímpic, patinen veloços per ser dels primers a colpejar l'espatlla de l'heroi mentre el públic s'afegeix a la festa.

Quan s'acaba el partit, hi ha una darrera oportunitat per ovacionar el president: la volta d'honor. Va ser en un d'aquests recorreguts triomfals que no es va poder evitar la catàstrofe. Putin patinava a prop de les tanques mirant cap a les graderies per rebre l'amor incondicional dels fans una vegada més. De cop i volta, es va viure un instant que encaixa amb la definició de suspens de Hitchcock, quan els espectadors poden anticipar un perill que ronda el protagonista, sense que el personatge principal en sigui conscient.

Putin s'acostava perillosament a una catifa que s'havia situat damunt la pista de gel i continuava mirant als espectadors. Si seguia avançant uns metres més, la trompada seria inevitable. Un dels millors jugadors d'hoquei gel de tots els temps, Viatxislav Fetísov, se'n va adonar. Com si es tractés de l'última oportunitat de desempatar en la botzina final un d'aquells partits memorables de l'Exèrcit Roig, el defensa va avançar a tota velocitat, però no va arribar-hi a temps. Les fulles dels patins de Putin van perdre el gel i es van clavar damunt l'estora blava. El president va caure ben llarg davant de tothom. Fetísov el va ajudar a aixecar-se i aquí no ha passat res.

No és la primera vegada que Viatxeslav Fetísov té la missió d'ajudar el president rus. Uns quants anys abans van unir esforços perquè, costés el que costés, un esdeveniment esportiu quedés inscrit en les pàgines d'història de la Federació Russa com un dels moments més esplendorosos de la carrera de Vladímir Putin.

2014

Jocs d'Hivern, conflicte de primavera

La vida de Viatxeslav Fetísov és de pel·lícula i per això se'n va filmar una, *Red Army* (2013), en el gènere que considero més fantàstic a l'espai que va ocupar la Unió Soviètica: el documental. Fetísov, conscient que el que ha viscut no passa a cada casa, havia escrit la seva biografia, *Condicions del joc*, al començament dels anys noranta. El seu primer or olímpic l'aconsegueix el 1984. Un any després, però, la tragèdia el va colpejar. El seu germà petit, l'Anatoli, que també prometia com a jugador d'hoquei gel, va morir en un accident de trànsit. El conductor del cotxe era ell, en Viatxeslav. Malgrat el pes sufocant d'aquesta desgràcia, va penjar-se un altre or als següents Jocs i la plata, quatre anys més tard. Era el capità d'una generació de jugadors de l'URSS hipnotitzadora que fins a set vegades va aixecar la copa de campions del Món.

Viatxeslav Fetísov, un dels talents que més ha brillat en la història de l'hoquei, a finals dels vuitanta, es va enfrontar a un gegant, el rival més poderós amb el qual s'havia encarat: el sistema del seu país.[21] L'havien temptat els Diables de Nova Jersey

21. En l'actualitat se li retreu que s'hagi convertit en part del poder que limita la llibertat dels esportistes més crítics.

i ell volia jugar a la NHL, la lliga nord-americana. Estava decidit a utilitzar les finestres d'aire fresc que van entreobrir les reformes de Gorbatxov per sortir del país i començar una nova carrera als Estats Units. Però quan es va rebel·lar, la perestroika i la glàsnost no havien arribat als despatxos del CSKA. Dels desitjos individuals, en feien fum. Va emprendre una batalla fatigant contra una burocràcia tan dura i insensible com la pista glaçada i li van arribar a prohibir jugar durant una temporada.

Finalment, com si fos un dels seus moviments magistrals, va aparèixer l'escletxa per fer valer el seu dret a treballar on volgués: els diners que l'equip nord-americà va desembutxacar en aquells despatxos soviètics. Aquell llenguatge propi del capitalisme s'entenia a les dues bandes de l'oceà. La temporada 1989-1990 va fitxar pels New Jersey Devils. La suma que el club va pagar a l'exèrcit rus, al CSKA, no se sap.

Després de formar part del somni americà amb una carrera remarcable, Viatxeslav Fetísov va tornar a Rússia convertit en una estrella que no volia tenir un paper secundari. El 2002 afegeix una nova medalla olímpica de bronze al seu palmarès, ara com a seleccionador nacional. Però el principal servei a la pàtria, l'hi encarreguen tot seguit. Vladímir Putin, que ja està embrancat en la missió d'obrir una nova era en la història del país, dona llum verda al fet que Fetísov sigui ministre d'Esports. La tasca que ben aviat tindrà assignada és ambiciosa: convertir la ciutat balneari de Sotxi en la seu dels Jocs Olímpics d'Hivern. El 4 de juliol del 2007 viatja a Guatemala per assistir a la votació final en què el Comitè Olímpic Internacional n'havia de decidir la seu. El resultat és de Pyeongchang 47 vots, Sotxi 51. Fetísov deixa el càrrec de ministre amb l'expedient molt ben resolt.

Putin té entre les temples enlluernar el món. Les obres que s'emprenen a la ciutat del Mar Negre converteixen els Jocs de Sotxi, clarament, en els més cars de la història, fins i tot incloent-hi en la llista els Jocs d'Estiu, que tenen sempre pressupostos molt més ben dotats que els dels mesos freds. Tant se val. Fins a aquell moment, no hi ha hagut cap edició en què els feixos de bitllets hagin circulat com a Sotxi. El president rus actua sota els efectes d'un dels seus rampells de nostàlgia soviètica. Ambiciona que els esportistes russos s'imposin amb claredat davant la resta. Aquest desig sembla allunyat de la realitat. El precedent immediat, els Jocs d'Hivern de Vancouver del 2010, han estat calamitosos. Mai abans la delegació russa havia fet una actuació tan magra. Va tornar amb només tres ors i l'onzena posició al medaller. Un desastre.

Però la vida continua i el 30 de setembre del 2013 el foc olímpic pren a la boca d'una torxa russa a l'antiga Olímpia. La flama inicia un viatge per explorar els confins del planeta. El recorregut per totes les regions del país més extens inclou una immersió de 13 metres de profunditat al llac Baikal, navegar a bord d'un trencagels per enlluernar el pol Nord, enfilar-se al sostre d'Europa, a l'Elbrús, i, encara que apagada, escalar més amunt i tot: la torxa es llança al cosmos. És tota una declaració d'intencions: han de ser els Jocs més grans en tots els paràmetres.

De tornada a l'esfera terrestre, la flama entra a l'Estadi Olímpic de Sotxi el 7 de febrer. La porta Maria Xaràpova. La tennista l'entrega a Ielena Issinbàieva, la saltadora de perxa, que la transporta fins a la grapa de la grua Karelin. El lluitador enllaça amb Alina Kabàieva, una de les millors gimnastes de rítmica de tots els temps. Alguns mitjans de comunicació la tenen batejada amb el sobrenom de *la russa més flexible*. Ara, mentre porta la torxa, aquesta col·leccionista de medalles és observada amb un afecte especial pels ulls més poderosos que hi ha a la llotja. És un secret que tothom sap. S'explica en petit comitè, però, com la flama olímpica, cada comitè traslladarà la notícia discretament a un altre comitè i no queda cap comitè que no n'estigui assabentat. Només la premsa estrangera o els periodistes russos més independents n'acabaran parlant obertament, gairebé sempre amb prudència, o sigui, deixant caure algun condicional o encastant amb calçador un *presumptament*. Però tothom entén el mateix: Putin i Kabàieva tenen una relació secreta. I també secreta és la descendència que *presumptament* han engendrat. Poc després dels Jocs de Sotxi, Vladímir Putin es divorciarà de la que fins aleshores era la seva dona, la Liudmila. Sense tanta precaució, perquè els afectats no ho neguen ni se n'amaguen, podem afirmar que la mà dreta de Putin, Dmitri Peskov, també dorm banyat en or olímpic. L'esposa del portaveu del Kremlin és Tatiana Navka, campiona en patinatge sobre gel.

El foc, per tant, crema amb passió al peveter de Sotxi. Els dies avancen sense que potser hi hagi l'entusiasme col·lectiu que el Kremlin voldria. Però quan arriba l'hora d'apagar la flama olímpica i fer el recompte final de metalls, el president rus somriu satisfet. El resultat és històric. Ni tan sols l'URSS havia arribat a acumular tants pòdiums en uns Jocs d'Hivern. Rússia multiplica per més de quatre els primers llocs que havia obtingut a Vancouver. A Sotxi han aconseguit 13 medalles daurades, 11 de platejades i 9 de bronze: 33 en total.

El president Putin sempre rep els medallistes russos després dels Jocs. I a Sotxi els diu, entre altres coses:

> Els Jocs Olímpics són molt més que una competició internacional. Els països lluiten per guanyar el títol de nació més esportiva i estar entre els millors és una qüestió de prestigi nacional. [...] Els resultats del nostre equip nacional a Sotxi mostren que hem deixat enrere el període difícil de l'esport a Rússia i que tot l'esforç que hem fet, tot el que s'ha invertit en esport aquests anys, no ha estat en va.

Les torres del Kremlin, però, no llueixen tan altes com es podia esperar per aquests resultats. La recta final dels Jocs coincideix amb el terratrèmol del Maidan a Ucraïna. A la plaça més cèntrica de Kíiv, milers de ciutadans han alçat barricades. Setmanes abans s'havien sentit traïts pel president del país, Víktor Ianukóvitx, que havia avortat la promesa de firmar l'Acord d'Associació amb la Unió Europea. Molts veien la pressió del Kremlin darrere la reculada del president ucraïnès. Amb els Jocs de Sotxi en marxa, l'atenció informativa va anar derivant cap a Kíiv. Les protestes no amainaven, al contrari. I va arribar el bany de sang. Algú va donar l'ordre d'obrir foc contra els manifestants. Entre el 18 i el 20 de febrer, tres dies abans que acabessin les Olimpíades de Putin, es van comptabilitzar al voltant d'un centenar de morts. El president Ianukóvitx esquiva la massa enfurismada fugint cap a Rússia i el cap del Kremlin demana autorització al Parlament rus per enviar tropes a Ucraïna si ho considera necessari.

És el germen del que a Moscou es coneixerà com a Primavera de Crimea. Culmina amb la incorporació de la península ucraïnesa en territori rus.[22] Al mateix temps, Putin subreptíciament proporciona armes les zones del sud-est del país, on hi ha més població russòfona i més descontentament pel resultat de les protestes del Maidan. L'escalada condueix a la guerra del Donbass entre els separatistes prorussos i l'exèrcit ucraïnès. Putin ha modificat per la força les fronteres europees i atia el foc d'un conflicte de proporcions incertes. A més a més, els seus jocs de Sotxi han quedat clausurats en fals.

22. La comunitat internacional no reconeix el referèndum que es va celebrar, ni tampoc l'annexió de la península a Rússia.

Màgia al laboratori de Sotxi

El record dels Jocs de Sotxi es va esvaint darrere el so dels projectils i el fum dels blindats de l'est d'Ucraïna. Però se'n tornarà a parlar i molt. La versió escrita no és la definitiva. En la foscor d'un dels edificis clau de l'esdeveniment esportiu, s'hi va cometre un delicte greu, i algú està disposat a remoure cel i terra per trobar-ne les proves.

Les autoritats russes havien traçat un pla perquè ningú les trobés mai. Però, a finals del 2014, un documental de la televisió pública alemanya dona les primeres pistes per descobrir-les. La línia de sortida és una història d'amor. En Vitali, un jove que treballa a l'Agència Russa Antidopatge, comença una relació amb una atleta russa, Iúlia Stepànova. Ja en les primeres converses íntimes, la confessió de la seva estimada deixa en Vitali de pedra: es dopa! Les frases següents augmenten el trasbals: pren drogues com gairebé totes les atletes que coneix! I, agafa't fort, amor, perquè si l'esquema funciona i no les enxampen és perquè està dissenyat per col·legues d'en Vitali. El frau no seria possible sense l'expertesa de personalitats associades al combat contra les substàncies prohibides en el món de l'esport com Serguei Portugàlov i Grigori Ródxenkov. Ofereixen als atletes la mercaderia, el calendari de les preses i l'estratègia per sortir indemnes dels controls. És un servei complet. Iúlia Stepànova explica que no tan sols tenen un cost, els preparats. Si obté un or, ha d'enviar 50.000 rubles a Portugàlov; 30.000, si aconsegueix la plata, i, el bronze, es compensa amb 20.000 rubles. A més, li ha de pagar el 5% dels seus ingressos anuals. Si és cert que el dopatge està tan estès com la Iúlia explica, el doctor Portugàlov es fa d'or a cada cursa.

Les sospites sobre l'esport rus augmenten a cada minut. En un primer informe independent, Ródxenkov confessa que ha destruït més de 1.400 mostres d'atletes dopats. Després d'estudiar les recomanacions de l'Agència Mundial Antidopatge, la Federació Internacional d'Atletisme anuncia que deixa fora de les seves competicions internacionals la Federació Russa d'Atletisme.

Tres dies després de l'anunci, tinc l'oportunitat de parlar a Moscou amb Ielena Issinbàieva, la dona dels rècords del món: fins a vint-i-vuit vegades l'ha batut! La triple medallista olímpica de salt de perxa està convençuda que serà a Rio per reblar una carrera estel·lar: «És clar que sí, seran els meus últims Jocs Olímpics i m'esforçaré al màxim. Espero guanyar amb un nou rècord del món».

Però Issinbàieva no batrà cap marca mundial més. Tornen a sonar les alarmes de Sotxi amb la publicació d'un article al *The New York Times* i, acte seguit, amb un so encara més estrident, la redacció de l'informe McLaren, encarregat per l'Agència Mundial Antidopatge. Els resultats es coneixen quan queden només tres setmanes per als Jocs de Rio. I el que s'hi descriu és una trama insòlita. Avesats al fet que els casos de dopatge siguin cosa de l'esportista en col·laboració amb algú del seu entorn, el que s'ha traçat per banyar en or els Jocs d'Hivern de Sotxi és una estructura piramidal sofisticada amb un paper destacat dels agents del Servei Federal de Seguretat (l'FSB, l'antic KGB). Es parla de dòping d'estat.

L'esquema, simplificat, va ser aquest: s'administrava als atletes un còctel de tres substàncies dissoltes amb una mica d'alcohol (whisky Chivas per als homes i Martini per a les dones). En les èpoques en què els atletes estaven nets, abans de les competicions i de prendre les substàncies il·legals, se'ls recollien mostres d'orina que es guardaven en congeladors. El doctor Ródxenkov, el cap de l'Agència Russa Antidopatge, les analitzava per assegurar-se que no hi havia traces delatores. Una vegada comprovades, es portaven a una sala secreta que s'havia construït enganxada al laboratori on s'emmagatzemaven les mostres preses als esportistes durant els Jocs de Sotxi. Quan queia la nit, es feia la màgia. A la paret que separava la sala de les anàlisis oficials de la cambra clandestina hi havia un foradet que es descobria per passar l'ampolleta de l'atleta rus que calia salvar. Allà, a la sala B, s'havia desenvolupat un mètode per treure el precinte i segellar de nou el recipient sense que es notés. S'obria amb molta cura, es canviava l'orina contaminada per la neta d'aquell mateix atleta i es tancava. La tasca portava la firma invisible de l'FSB i s'afirma que tenia el vistiplau del Govern rus. Si va quedar desemmascarada va ser perquè el mateix Ródxenkov, una de les ànimes de la trama, la va explicar. Ara viu amagat als Estats Units.

L'escàndol té ressò mundial. Es desenvolupa un mecanisme per revisar els testos de diversos atletes. S'analitzen telescòpicament els taps dels receptacles que contenen l'orina. Determinades marques no perceptibles a simple vista indiquen que han estat manipulats. Rússia perd dos ors i dues plates de Sotxi. Continua primera al medaller, però el seu resultat ja no és tan històric. I les investigacions continuen.

Els esportistes russos viuen amb agonia les jornades prèvies als Jocs de Rio. A la recta final d'una marató de quatre anys, els turmenta no saber encara si seran desqualificats. Finalment, a deu dies de l'inici de les competicions, arriba el veredicte: Rússia hi podrà participar, però cada federació avaluarà els esportistes individualment per garantir que tenen un historial net de dòping abans de donar-los llum verda i seran testats escrupolosament un cop acceptats. De 389 peticions d'esportistes, se n'acabaran acceptant 271. En atletisme, la Federació

Internacional els veta a tots.[23] No hi haurà intent de rècord de Ielena Issinbàieva a Rio de Janeiro. Tampoc hi serà Iúlia Stepànova, que havia sol·licitat una mesura de gràcia pel seu paper de confident en la descoberta de la trama de dòping i volia competir com a atleta independent, al marge de l'equip rus. Rússia tornarà del Brasil amb 19 ors i la quarta posició al medaller.

Messi, Ronaldo, Pelé... i Putin

Vladímir Putin sembla estar entrenat a jugar al límit en camps minats i sortir-ne indemne. I el 2018 s'afegeix un fermall daurat al pit que pocs polítics poden lluir. El duet dels Jocs Olímpics d'Hivern i el Mundial de Futbol. Pelé, Maradona, Messi, Cristiano Ronaldo... els millors futbolistes del passat i del present posen rumb a Rússia. La guerra del Donbass, els bombardejos de l'aviació russa a Síria al costat del règim de Bashar al-Assad, el dòping de Sotxi... tot sembla oblidat. Només hi ha lloc per a la festa del futbol. I Rússia l'acull amb entusiasme. Poques vegades s'ha vist tanta alegria als carrers de Moscou. Milers de russos es contagien de l'esperit festiu que han importat molts fans estrangers.

Els seguidors locals no confien en el seu equip. Estan mentalitzats per quedar eliminats a la primera o segona ronda, el futbol fa anys que ha deixat de ser el seu fort. Però això és secundari. El més important és que Rússia torna a ser la seu d'un esdeveniment esportiu de primer ordre. I això és el que se celebra cada

23. Daria Klixina va ser admesa en salt de longitud perquè feia anys que vivia als Estats Units i els controls antidopatge els havia passat fora de l'agència russa.

nit als carrers i als menjadors de les cases de Rússia. L'alegria es multiplica quan l'equip amfitrió allarga la seva estada en competició i passa de grup. Ha quedat segon amb tan mala fortuna que li tocarà Espanya com a rival en el primer partit eliminatori. Només una de les dues seleccions serà als quarts de final. Gairebé tot Rússia té coll avall que naufragaran. L'objectiu és no fer el ridícul. Els espanyols comencen jugant molt millor i de seguida s'avancen 1 a 0. El joc vistós de possessió de la pilota el posa Espanya, però els russos corren i lluiten fins que empaten. 1 a 1. Els minuts van passant fins que arriba el minut 90. No hi ha hagut més dianes. Tampoc a la pròrroga. L'estadística diu que Ramos, Piqué i companyia han estat molt millor: nou xuts a porteria d'Espanya per només un, el del gol, de Rússia. Mil cent quinze passades els espanyols, davant de només 291 dels russos. Però tot això és paperassa. Ara són ja a la loteria de la tanda de penals. I el tret definitiu de Iago Aspas és interceptat per la cama esquerra d'Igor Akinféiev. És el moment més dolç del futbol rus des de l'or soviètic als Jocs del 1988. En tots els anys que he passat a Moscou, no he vist mai un esclat d'eufòria com el d'aquella nit. A les semifinals, Rússia cau per la mínima davant de Croàcia. Però cap resultat podia aigualir la festa a Vladímir Putin: «A diferència de l'art, l'esport és molt més que contemplació. L'esport va d'aconseguir resultats. I el de l'equip rus ha estat honorable. El més important és que ens hem adonat que tenim futbol a Rússia, que tenim un equip, que podem definir el nostre propi estil».

No passa ni un any i mig des que França aixeca la Copa del Món a l'estadi de Lujnikí, quan, de nou, salten totes les alarmes. Aquesta vegada és el laboratori de Moscou el que queda encerclat per l'ull de l'huracà. Quan l'Agència Mundial Antidopatge valorava si restituir de ple dret Rusada, l'agència russa, es descobreix una nova trama. Ara no s'ha fet el triler amb l'orina, sinó directament amb les dades de l'ordinador. Han estat manipulades. Rússia, com a país, queda vetada de totes les competicions internacionals durant dos anys i tampoc no podrà organitzar grans esdeveniments. Oficialment es perdrà els Jocs Olímpics i Paralímpics d'Estiu i d'Hivern. Els esportistes russos que es qualifiquin per als Jocs i acreditin que estan nets podran competir-hi, però no sota la bandera russa. Si guanyen, en comptes de l'himne del país, a la cerimònia d'entrega de medalles sonarà el concert per a piano número 1 de Txaikovski. Com aquells atletes exsoviètics que van ser a Barcelona 92, a Tòquio són identificats amb la bandera olímpica, tot i que, dels cercles, ara en surt una flama tricolor russa. El nom que els agrupa és el de Comitè Olímpic Rus. El president Putin ho considera un atac intolerable contra el seu país:

> No hi ha hagut mai res com això en cap sistema legal del món en la història de la humanitat, i espero que no es repeteixi més. Qualsevol sanció ha d'afectar la persona que comet la infracció. Si es descobreix algú cometent una il·legalitat, les sancions són una resposta natural i justa. Però si una majoria aclaparadora d'atletes russos estan nets, com poden ser sancionats per les accions d'algú altre?.

Les sancions són, malgrat tot, més aviat simbòliques i a Tòquio hi competeixen 356 atletes russos. La collita final és de 20 ors. Això situa Rússia en cinquena posició, però si sumem el total de medalles, 71, deixa el Comitè Olímpic Rus en la tercera casella del podi, per sota dels Estats Units i de la Xina. Amb els medallistes al Kremlin, Putin fa aquest balanç:

> Voldria destacar que, en general, el resultat és satisfactori. Els nostres atletes han tornat amb 15 medalles més de Tòquio que de Rio. Malgrat tot, hi ha aspectes als quals hem de parar atenció especial i

considerar-los detingudament. Hi ha esports en què els nostres atletes no han aconseguit medalles per primera vegada. També hi ha esports en els quals no hi ha hagut medalles per segona vegada. Al mateix temps, els nostres atletes no s'han qualificat per als Jocs en set esports. [...] Ni en bàsquet femení ni en masculí. Els clubs de bàsquet continuen jugant, i el seu joc és elegant i emocionant, i obtenen bons resultats en els campionats. Hem de mirar què està passant amb aquests equips dels clubs que necessiten tants jugadors estrangers si després no tenim equip nacional. Ho hem d'analitzar. El mateix passa amb el futbol. Se m'ha suggerit que hauríem d'aixecar les restriccions en el nombre de jugadors estrangers. Saben que el nostre equip nacional no ha estat als Jocs des del 1988? I seguirà sent així si només juguen futbolistes estrangers aquí. [...] Com més quantitat de persones i sobretot de nens practiquin esport, més possibilitats tindrem de veure estrelles joves que puguin triomfar als estadis internacionals per portar alegria als milions de fans del nostre país i de tot el món. Per això, aquest és el punt de partida per treballar a gran escala, sense estalviar esforços.

Pocs dies després és el ministre d'Exteriors rus, l'experimentat Serguei Lavrov, qui es troba amb els russos que han triomfat a Tòquio. Com qui no vol la cosa, deixa anar que diverses ciutats russes preparen la seva candidatura per acollir els Jocs Olímpics del 2036, entre les quals hi ha Kazan i Sant Petersburg. Enmig del temporal de crítiques del món de l'esport contra les autoritats russes, el més prudent semblaria que és aixoplugar-se i treballar per corregir els problemes. Però el Kremlin treu pit sota la tempesta. I, tenint en compte els precedents, no es pot descartar que s'acabi sortint amb la seva.

2022

Sempre quedarà la Spartakiada

Abans de Kazan, Sant Petersburg o qualsevol altra ciutat que surti escollida per a les Olimpíades del 2036, arriben els Jocs d'Hivern de Pequín i es disputen en un clima enrarit que recorda molt el del 2008. El fantasma del conflicte d'Ossètia del sud i Geòrgia plana a l'ambient. De nou, hi ha tambors de guerra i, una vegada més, la percussió la dirigeix el Kremlin.

El ministeri de Defensa rus ha anat situant una quantitat ingent de soldats i maquinària bèl·lica al perímetre de la frontera ucraïnesa, fins i tot al nord, des de dintre del territori bielorús. La intel·ligència nord-americana alerta insistentment que Putin es disposa a envair Ucraïna. Amb la mateixa insistència, el Kremlin respon que només l'histerisme russofòbic que ha arrelat a Occident pot contemplar una possibilitat tan desgavellada. Al mateix temps, però, Rússia fa una sèrie de peticions de seguretat a l'OTAN i als Estats Units que, si no són ateses, obligaran Moscou a prendre una decisió de caràcter *tecnicomilitar*. El Kremlin deixa clar que la voluntat de Kíiv no és rellevant. Ucraïna va formar part de l'URSS i el que passi al país veí ha de tenir el vistiplau de Moscou.

Els Jocs d'Hivern de Pequín comencen el 4 de febrer de 2022, amb màxima tensió. Entre els arguments que analistes internacionals argüeixen per allunyar la possibilitat d'un atac imminent contra Ucraïna hi ha el fet que Putin és un aliat de la Xina i sap que llançar ara una gran operació militar significaria deslluir molt les Olimpíades del seu amic Xi Jinping.

Les proves de Pequín del 2022 no li surten bé a l'equip del Comitè Olímpic Rus. Malgrat que és la segona delegació en nombre de medalles, només aconsegueix 6 ors i això la degrada a la novena posició. Vladímir Putin, però, té el cap en una altra banda. Fa dies que ho té decidit. Sorprendrà fins i tot persones del seu entorn. Quatre dies després de la clausura dels Jocs Olímpics de Pequín, sonen les sirenes a Kíiv. A primera hora del matí, Putin ha donat l'ordre d'atacar. És una guerra a gran escala contra el país veí. El món observa astorat com el president que té el botó que podria activar el nombre més gran de caps nuclears del planeta s'embranca en una aventura bèl·lica de conseqüències imprevisibles. Les imatges són esfereïdores: ciutats enrunades i milions de refugiats. Els míssils de Putin destrueixen molts dels ponts que connectaven Rússia amb Occident.

Malgrat que els principals esdeveniments dels Jocs d'Hivern de Pequín ja han acabat, Putin no ha respectat la treva olímpica. La crida que fa oficialment el secretari general de les Nacions Unides, abans dels Jocs d'Estiu i dels d'Hivern, implica abstenir-se de combatre des de set dies abans de la cerimònia inaugural i fins a set dies després de la clausura. I el mateix s'aplica als Jocs Paralímpics. Els tancs russos rebenten la treva doblement: ni s'han esperat una setmana un cop acabats els Jocs, ni els atura que quedin deu dies per als Paralímpics.

L'acció militar russa tindrà conseqüències també esportives. El Comitè Internacional aparta dels Jocs els esportistes russos i els bielorussos, inclosos els paralímpics. Considera que la guerra deixa els esportistes ucraïnesos desprotegits i que seria injust que, mentre ells tenen tantes dificultats, russos i bielorussos puguin preparar-se per participar en competicions internacionals. Al capdavall, als seus països no impacten les bombes. Per això, recomana vetar-los de tots els esdeveniments internacionals.

Vladímir Putin personalment és també a la diana dels càstigs. L'any 2001 s'havia celebrat a Moscou una sessió important del COI. Després de vint-i-un anys, Samaranch deixava el càrrec i s'escolliria el seu successor. El català va rebre l'Orde Olímpic d'or. El curiós és que, en aquella sessió, també van entregar la distinció a Vladímir Putin, que feia poc temps que s'havia convertit en president de Rússia. En total, hi havia quatre personalitats russes que tenien aquest reconeixement. Després de l'atac del Kremlin contra Ucraïna només en queda una, un dels protagonistes d'aquest llibre: Aleksandr Karelin, la *grua de Sibèria*.[24] El president rus, desposseït de l'Orde Olímpic, veu també com en pocs dies perd el novè *dan* del cinturó negre de taekwondo. Les organitzacions que l'havien honorat ara corren a deshonorar-lo amb comunicats eixuts:

> A la llum del conflicte en marxa a Ucraïna, la Federació Internacional de Judo anuncia la suspensió al senyor Vladímir Putin de l'estatus de president i ambaixador d'honor de la Federació Internacional de Judo.

> L'Orde de la Federació Internacional de Natació que va ser concedida al president rus Vladímir Putin el 2014 li ha estat retirada.

24. Karelin s'ha expressat públicament a favor de l'operació militar contra Ucraïna.

> Fins a nova ordre, cap atleta o oficial de l'esport aquàtic de Rússia o de Bielorússia no podrà prendre part en les competicions en nom de Rússia o de Bielorússia. Els equips o persones de nacionalitat russa o bielorussa només seran acceptats com a atletes neutres o com a equips neutres.

Hi ha una bateria de comunicats com aquests. I entre els paquets de sancions que aproven els Estats Units, el Regne Unit o la Unió Europea, hi vola un dard enverinat. Apunta al cercle més proper de Vladímir Putin i també Alina Kabàieva. Trenta anys més jove que el president rus, ha amassat una fortuna que no deriva de la seva llegenda esportiva. Després de l'or olímpic del 2004, va entrar en política al partit del president i, finalment, va passar a dirigir el consell de direcció del Grup Nacional de Mitjans, altaveu propagandístic gegant de les idees del Kremlin. Les autoritats que congelen a Kabàieva els comptes bancaris que té als seus països i que li prohibeixen viatjar-hi justifiquen el càstig per tenir «presumptament una relació personal íntima amb Putin».

La final de la Champions League que s'havia de disputar a Sant Petersburg es trasllada a París. L'Spartak queda fora de l'Europa League, on encara sobrevivia, i la selecció nacional de futbol no podrà intentar classificar-se per al Mundial del Qatar. Se suspèn el Gran Premi de Fórmula 1 de Sotxi, el Campionat Europeu de cúrling no es farà a Perm, com estava previst, tampoc es jugarà a Rússia el pròxim Campionat del Món d'hoquei gel... L'imperi esportiu que Putin pretenia consolidar trontolla de cap a cap.

Les sancions econòmiques són massives. Però la retòrica del Kremlin pretén convertir-les en una oportunitat. El que no puguem importar, ho dissenyarem i fabricarem nosaltres. El nostre talent espavilarà, deixarem de dependre d'altres cervells. Una argumentació similar s'aplica al terreny esportiu. Tan aviat com se sap que els atletes paralímpics russos no podran ser als Jocs de Pequín, es prepara i duu a terme una competició alternativa a la ciutat russa de Khanti-Mansisk. L'anomenen Estem junts. Sport. I, llegint la premsa russa, sembla que no tingui res a envejar a Pequín. Si el comitè organitzador xinès ha necessitat set anys per preparar-ho, a Rússia ho han enllestit en set dies. I són també uns jocs internacionals, argumenten, amb esportistes russos, bielorussos, armenis, kazakhs i tadjiks.

Si Rússia no pot competir als Jocs Olímpics, el més probable és que organitzi proves alternatives per als seus esportistes i els dels països de la seva òrbita. Hi haurà un ressorgiment de la Spartakiada o s'organitzaran competicions equivalents. Malgrat les diferències ideològiques que separen l'era de Putin de la Unió Soviètica, l'esport rus pot quedar separat de l'occidental com en aquells anys soviètics. És fàcil imaginar el president rus argumentant que, a la seva vora del teló, el joc és més net que al bloc russòfob.

Mentrestant, segons el president Volodímir Zelenski, en els primers compassos de la guerra a Ucraïna hi van morir més de vuitanta atletes i entrenadors. Molts esportistes ucraïnesos no perdonaran a Putin que els hagi obligat a exiliar-se o a canviar els gimnasos per les trinxeres.

TANDA DE PENALS.
Els cops de la vida

Jan Beleniuk. Lluita grecoromana

TENIA NOMÉS UN ANY I MIG quan l'Estadi Lluís Companys va saludar el món amb els seus «HOLA» entusiastes i lluminosos. Les onades mediterrànies expandien alegria, tothom semblava feliç. Les obertures dels Jocs volen ser una celebració de la vida. Jan Beleniuk ni tenia edat per mirar la transmissió de Barcelona 92 ni —encara menys— per deixar-se dominar per divagacions filosofals. En canvi, jo, contemplant ara aquelles imatges i pensant en ell, no puc allunyar la idea que en la marató que comença en el moment de néixer no es premien només l'esforç i les capacitats. La competició és desigual i se'n pot quedar apartat a la línia de sortida. A en Jan, tan petit com era, li havien traçat un circuit en pujada i ple d'obstacles.

Vincent Ndagijimana era pilot. El viatge que ens interessa descriure ara, però, no el fa com a tripulant de la nau, sinó com a passatger. Hem volat, per uns instants, als anys vuitanta. Ndagijimana surt de la seva Ruanda natal amb destí a la Unió Soviètica. Aterra a la Universitat Nacional d'Aviació de Kíiv, a la Unió Soviètica. Tot el que ha planificat, que és, fonamentalment, ampliar els seus coneixements per pilotar avions, va avançant segons el que havia previst. Està convençut que el segell de l'URSS al títol serà un galó distintiu. Fins que l'apartat dels imponderables es manifesta amb tota la seva grandesa, primer amb aparença pròdiga i, tot seguit, cruel.

En l'epígraf de les coincidències felices, brilla l'enlluernament que li causa la mirada receptiva de Svitlana Beleniuk. Aquelles dues ànimes han de viure abraçades. La pulsió deixa en estat la Svitlana. Just abans de veure néixer en Jan, l'infortuni inesperat: Vincent Ndagijimana, d'ètnia hutu, és cridat a files al seu país. La situació és greu i calen tots els homes disponibles per intentar vèncer la guerra civil. El teixit familiar queda deslligat. La Svitlana, que és sastressa, està a punt de donar a llum i assumirà el moment en solitari.

Mesos després, el 24 de gener del 1991, va néixer Jan Beleniuk. El seu país, la Unió Soviètica, no arribaria al següent Cap d'Any, i la pau social, tampoc. A aquesta dificultat col·lectiva i a les que el futur li anés plantant, ell s'hi hauria d'enfrontar amb limitacions personals afegides: no arribaria a conèixer mai el pilot que el va engendrar. «He crescut sense pare», diria infinitat de vegades en el futur, una frase seca i curta per no haver de ressenyar que havia mort durant el conflicte entre hutus i tutsis.

La figura de Vincent Ndagijimana, però, impregnava qualsevol acte que Jan Beleniuk fes. Tenir la pell tan fosca era molt més que una nota exòtica en una Ucraïna banyada amb pigments làctics. El pare, per tant, marcava l'existència d'en Jan tant per omissió com per manifestació permanent: li havia atorgat la condició d'orfe i la pell negra. Hauria d'aprendre a entomar insults racistes i a admirar l'heroisme de la seva mare vídua.

Jan Beleniuk intentava sobreposar-se als condicionants que marcaven la seva vida omplint les estones lliures si fa no fa de la mateixa manera que qualsevol nen del seu entorn: es va apuntar a futbol, a dansa, a una activitat extraescolar d'expressió artística... Cap d'aquestes disciplines, però, no va captar amb prou força la seva atenció i queia en la promiscuïtat esportiva i recreativa. Un bon amic al qual li haurà d'estar agraït sempre més el va conduir a la secció de lluita d'un club de Kíiv. Tenia nou anys i va canviar la resta d'entreteniments per un de sol: la lluita grecoromana.

Com a debutant, Beleniuk no prometia un futur gaire brillant i en la majoria dels combats acabava derrotat. Però com si les hormones de la pubertat li haguessin inoculat forces i capacitats ocultes, va començar a penjar-se medalles. La motivació per entrenar-se creixia en paral·lel als èxits fins que va passar a ser el millor lluitador ucraïnès de la seva categoria. El 2016, amb vint-i-cinc anys, va arribar a la final dels Jocs Olímpics de Rio de fins a 85 quilograms. Era el favorit per guanyar-la, perquè encapçalava el rànquing mundial. Havia fet una gran temporada. Però no va poder vèncer el rus Davit Chakvetadze, número tres del món en aquell moment. Va trigar temps a saber dedicar més espai mental a l'orgull d'haver assolit la plata olímpica que al lament d'haver deixat escapar l'or. Ho intentaria arreglar als Jocs del 2020.

Beleniuk era conscient que el camí no seria fàcil. Les instal·lacions al seu país no eren cap meravella i un esportista professional es podia considerar afortunat si cobrava 300 euros al mes. El seu full de ruta, però, ja l'havia fixat: volia un or i defensant els colors de la bandera groga i blava. El que no havia pogut preveure és que, abans de volar a Tòquio, havien de passar coses extraordinàries.

A Ucraïna, la sèrie del moment era *El servidor del poble*. Narra la història d'un professor d'institut que es converteix accidentalment en president d'Ucraïna gràcies a un vídeo que els seus alumnes fan viral. L'actor, còmic i productor que encapçalava aquell fenomen, Volodímir Zelenski, va anunciar que volia convertir la ficció en realitat, que es presentava a les eleccions i que *El servidor del poble* seria també un partit polític. I Zelenski va guanyar amb una autoritat impressionant.

Poc després, les urnes assenyalarien fins a quin punt es renovarien els seients de la Rada, el Parlament ucraïnès. I el president Volodímir Zelenski va demanar personalment a Jan Beleniuk, el sotscampió olímpic de lluita grecoromana, que ocupés un dels primers llocs de la llista del seu partit. És així com el lluitador es va convertir en el primer diputat negre d'Ucraïna, el juliol del 2019. Kíiv tenia ara un campió del Món dels pesos pesants de boxa a l'alcaldia, Vitali Klitxkó, i un sotscampió olímpic de lluita al Parlament. La diferència era que mentre Klitxkó havia penjat els guants, Beleniuk perseguia encara el seu objectiu vital: l'or olímpic. Per això, no era un secret que, fins als Jocs de Tòquio, l'activitat parlamentària d'aquell servidor del poble no podria ser prioritària.

Va ser aleshores que va arribar un impacte nou: el planeta es va començar a familiaritzar amb el mot *Covid*. La pandèmia va enviar un any més enllà les proves olímpiques. I el cert és que Jan Beleniuk no hi arribava en la seva forma física ideal. S'havia dislocat l'espatlla i patia per si no podia estar al 100% a la cita més important de la seva vida. Havien arribat fins als Jocs de Tòquio setze lluitadors en la categoria de 87 quilograms. La meitat s'eliminarien entre ells. La tasca de Jan Beleniuk era vèncer quatre combats. Aquesta era la ruta fins a l'or: quatre victòries.

El primer enfrontament se'l va anotar per 3 a 1 contra el serbi. Va adjudicar-se també el segon combat, davant l'algerià, tot i que van acabar amb un punt cadascun. I, a la semifinal, es va imposar amb molta autoritat, només 1 punt el croat, 7 punts Beleniuk. Per segona vegada consecutiva, torna a ser en una final olímpica. Al davant hi té Víktor Lorincz. I és l'hongarès qui s'avança. Però ja no li concedirà cap altre punt. Amb l'empat a 1, a la segona part del combat, l'ucraïnès es mostra superior. Lorincz està estirat de panxa a terra. Beleniuk el té ben agafat per darrere. L'hongarès intenta esmunyir-se gatejant damunt del tapís, però en Jan, amb una de les seves estrebades, el rebolca. El marcador ho premia: 5 a 1. Ho ha aconseguit! Aixeca una mà, saluda la grada, on la delegació ucraïnesa celebra la fita amb molta més vehemència que no pas ell. El llenguatge corporal no li fa justícia, perquè sí que està content. I molt! S'embolica amb la bandera groga i blava i es deixa anar fins que s'exhibeix amb uns salts de Gopak, una dansa tradicional ucraïnesa no apta per a quàdriceps discrets. Aquella felicitat que no semblava destinada al petit Jan Beleniuk, ara amb trenta anys, li és entregada amb abundància. La té ben lligada al seu pit. Se l'ha guanyat, és indiscutible, però també és conscient que la injustícia pot ser implacable i s'hauria pogut presentar també a Tòquio.

No era fàcil advertir aleshores que aquella eufòria duraria tan poc i que l'hi arrabassarien amb tan mala sang. Mig any després d'aquell agost gloriós al Japó, casa seva mutava en l'infern. El 24 de febrer del 2022, Vladímir Putin ordena atacar Ucraïna. El malson és real, guerra a vida o mort a la ciutat i al país de Jan Beleniuk. Els qui es queden a Ucraïna es concentren en la resistència, en la supervivència. Al sud i a l'est, diverses poblacions cauen en poder dels soldats russos. La destrucció i la crueltat amb la qual es castiga la ciutat de Mariúpol, després d'un setge agònic que en alguns aspectes recorda el de Leningrad, és corprenedora. Ucraïna reviu l'impacte de la Segona Guerra Mundial. I l'ataca el país *germà*.

Tres mesos després de l'inici de l'agressió, Kíiv resisteix. El 21 de maig, des de Barcelona, telefono a Jan Beleniuk. És dissabte.

M'agafa la trucada perquè ha intercedit a favor meu una persona de la seva confiança. Tot i així, no em coneix, i Beleniuk es mostra molt prudent amb els seus comentaris.

—De la felicitat olímpica del dimecres 4 d'agost del 2021 al col·lapse emocional de la guerra del 24 de febrer del 2022. Com es paeix aquest cop?

—Jo era a casa, a Kíiv, quan vaig sentir explosions al matí del 24 de febrer. Per a mi va ser un xoc dur adonar-me que la guerra havia començat. Mai hauria imaginat que Rússia engegaria un atac a gran escala contra Ucraïna i que bombardejaria les nostres ciutats pacífiques, on viuen civils. Però això és el que va passar. I ara ja ens hem mentalitzat que aquesta és la nova realitat que vivim.

—I en aquesta nova realitat, quin és el seu paper?

—Cadascú defensa el país segons les seves capacitats. Continuo treballant com a diputat i aprovem les lleis que considerem necessàries. També participo en la pressió diplomàtica perquè els esportistes que donen suport a la invasió russa d'Ucraïna siguin expulsats de les competicions internacionals. Perquè hi ha atletes que formen part de la propaganda russa, representen el seu règim i han de ser suspesos. I això ho estem aconseguint. Volem que en quedin apartats, com a mínim, fins que acabi la guerra. També participo en la provisió del material que els nostres soldats necessiten per defensar el país. Rebem ajuda internacional i s'ha d'organitzar de manera efectiva perquè arribi a qui la necessita.

—Vostè va armat ara mateix?

—Ara és normal que moltes persones tinguem armes aquí. Som a la nostra terra i la defensarem fins al final.

—Continua entrenant?

—Els esportistes ucraïnesos que han volgut seguir entrenant al màxim nivell han pogut abandonar el país sense impediments. Participen en competicions internacionals i contribueixen a transmetre al món el que estem vivint i a elevar el prestigi internacional del nostre país. Però n'hi ha hagut que han preferit quedar-se i afegir-se a alguna unitat militar o als batallons de defensa territorial. Jo entreno dues o tres vegades a la setmana, quan puc. Intento mantenir-me en forma. Després de vint anys d'entrenaments durs, deixar-ho de cop és molt dur.

—Amb la situació actual, descarta ser als Jocs Olímpics de París del 2024?

—Ni tan sols hi he pensat. En l'actualitat, el més important és la supervivència del país i de la seva gent. L'esport és secundari ara i no tinc plans de futur.

—Un esportista d'elit està més ben preparat per afrontar una guerra que la majoria dels ciutadans?

—És difícil de respondre això. En l'esport, no hi ha situacions tan extremes. Si perds uns Jocs Olímpics, per exemple, si ets jove et pots preparar millor per als següents i si ets més veterà pots seguir endavant d'una manera o una altra. En la guerra, t'hi va la vida, i no tan sols la teva. També la dels teus familiars, amics i la de tots els ucraïnesos. Si perds, no hi ha noves oportunitats. En aquest aspecte, no es pot comparar a cap competició esportiva. Però sí que considero que l'esport et pot fer més fort en aquestes circumstàncies. A l'hora de prendre decisions crítiques en situacions extremes, la teva experiència com a esportista professional et pot ajudar a controlar les emocions, a mantenir la ment freda per poder fer els càlculs correctes. Aquestes són capacitats que un esportista pot haver desenvolupat. També pot saber encaixar millor sotragades negatives i que el guiï sobretot per arribar a l'objectiu final, al resultat.

—El president rus, Vladímir Putin, fa gala de ser un home fort i esportista. Li agrada especialment el judo. Si pogués, voldria lluitar contra ell en un tatami?

—Sap, en la lluita tenim una cultura de respecte pel rival. I ho fem evident amb una encaixada de mans. No crec que trobés a Ucraïna ningú que respecti Putin. Està matant gent aquí, està derruint el que els ciutadans havien construït, no té misericòrdia de ningú, ni dels infants. No hi ha cap marge per al perdó. Per tant, no voldria lluitar contra ell. Volem que Putin abandoni les nostres terres, que ens deixi viure amb calma i pau, i que tinguem la possibilitat de fer del nostre país independent el que vulguem. Res més.

—Com creu que acabarà aquesta guerra?

—Cadascún de nosaltres creiem que acabarà amb la victòria d'Ucraïna. Estem en peu pel nostre Estat i esperem que els països aliats ens continuaran assistint. Aquesta agressió, al segle XXI, al mig d'Europa és inacceptable, especialment després de la Primera i la Segona Guerra Mundial.

—A Barcelona 92, hi va haver els primers esportistes de l'Equip Unificat que van guanyar una medalla olímpica per a la Ucraïna independent. Als últims Jocs, els de Tòquio, vostè va ser l'únic representant del seu país que va aconseguir pujar a dalt de tot del podi. Ha baixat el nivell de l'esport?

—En aquella època competien juntes gairebé totes les repúbliques soviètiques i la rivalitat era una bogeria. Els millors esportistes d'aquell equip van obtenir grans resultats. Ara la situació és diferent. Tenim resultats més modestos. Però a Ucraïna estem intentant desenvolupar cada disciplina esportiva en què tenim una tradició profunda. És veritat que als Jocs Olímpics de Tòquio només vam obtenir una medalla d'or i que la vaig guanyar jo. Però, en total, vam aconseguir 19 medalles. Són gairebé el doble de les 11 que vam obtenir als anteriors Jocs de Rio. La tendència és positiva i esperem que es consolidarà als pròxims Jocs.

—Vostè sap què és el racisme. En aquesta xacra, també hi ha una tendència positiva?

—Sí que sé el que és, és clar: quan ets petit i vas a l'escola o a entrenar et trobes amb manifestacions racistes, tot i que no han sigut massives. I crec que haver fet front a situacions molt crítiques que he passat a la meva vida m'ha fet més fort. Ara, és al contrari: el meu color de pell és un atribut positiu per a mi. Soc molt reconegut a Ucraïna i la gent ja no s'acosta per ofendre'm, sinó per demanar-me fotos.

—Hi ha alguna persona que hagi estat especialment rellevant en la seva vida esportiva?

—Molta gent ha tingut un paper important en la meva carrera. Entrenadors i també esportistes a qui he admirat. Qui són exactament, no t'ho puc dir.

Després de penjar el telèfon, dono voltes a aquest «no t'ho puc dir». La meva parella, la Gènia, que ha escoltat la trucada, reacciona amb més instint periodístic que jo, perquè, al capdavall, aquesta és una professió basada sobretot en el sentit comú. «Li podries haver preguntat si havia admirat Aleksandr Karelin i què pensa ara d'ell», em diu. I tant! Té tota la raó. La grua siberiana, una llegenda de la lluita grecoromana, és ara una de les persones inclosa en la llista de sancionats de la Unió Europea perquè va ratificar les decisions del Govern rus per assistir les proclamades repúbliques populars de Donetsk i Lugansk. És a dir, va donar llum verda a atacar Ucraïna amb l'argument de defensar el Donbass. El tres vegades campió olímpic té prohibit viatjar a Barcelona i a qualsevol ciutat de la Unió Europea. Quan feia més d'un mes que la guerra estava en marxa, Karelin va valorar així la decisió presa per Putin:

> Tot el que està passant ara, és clar, augmenta el sentiment de respecte i admiració cap al president i cap a tots els guerrers russos que són allà lluitant. És un acte heroic, de valentia. Avui, la Federació

Russa està administrant el medicament per guarir l'Estat ucraïnès, perquè recordi la nostra història i fe conjuntes. La major part de la població ucraïnesa, abans de ser desfigurada per la propaganda, parlava en rus. I encara ara s'hi expressa, més enllà fins i tot del Donbass i de Crimea. Si insistim en les nostres raons per la via d'una *operació especial*[25] és perquè ens han condemnat a prendre aquesta decisió. El més dolorós, és clar, és la pèrdua de vides humanes, però com a govern, com a nació, és el preu que hem de pagar per la rehabilitació del sentit comú. És la nostra obligació no tan sols davant dels nostres ancestres, sinó sobretot per a les generacions futures. Amb l'operació especial estem demostrant que sabem lluitar i que el tsar rus tenia raó quan, després d'explicar que amb les nostres dimensions espantem els altres, parlant de Rússia va afirmar que tenim dos aliats: l'armada i la flota.

No sé si Jan Beleniuk va admirar en algun moment Aleksandr Karelin. Podem deduir que sí. Ara, estic convençut que aquestes paraules li regiren l'estómac. No m'imagino el lluitador rus i l'ucraïnès encaixant les mans. Tinc la sensació que haurà de passar molt temps abans que l'esperit olímpic acosti de manera sincera els esportistes dels països que a Barcelona 92 van formar part de l'Equip Unificat.

Barcelona, 25 de juliol del 2022

25. Vladímir Putin parla d'«operació especial per alliberar el Donbass» i nega que les accions de l'exèrcit rus a Ucraïna formin part d'una guerra, d'un atac o d'una invasió.

L'equip d'Ara Llibres agraïm el temps que has dedicat
a la lectura d'aquesta obra i t'animem a compartir
la teva opinió amb nous lectors i noves lectores.
Els teus comentaris donen sentit a la nostra feina i ens
ajuden a impulsar més lluny cada nova proposta editorial.

#ÚltimaVictòriaURSS